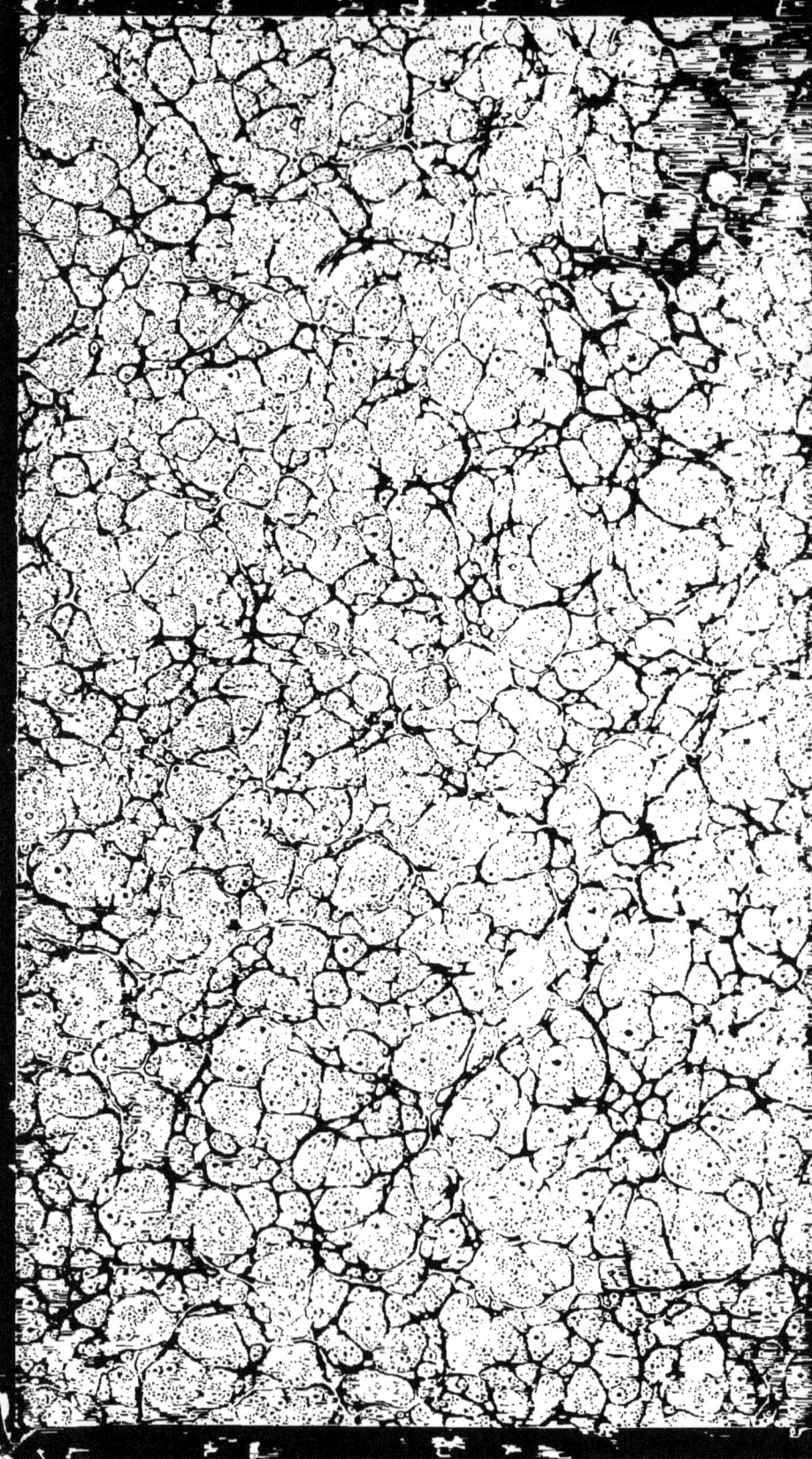

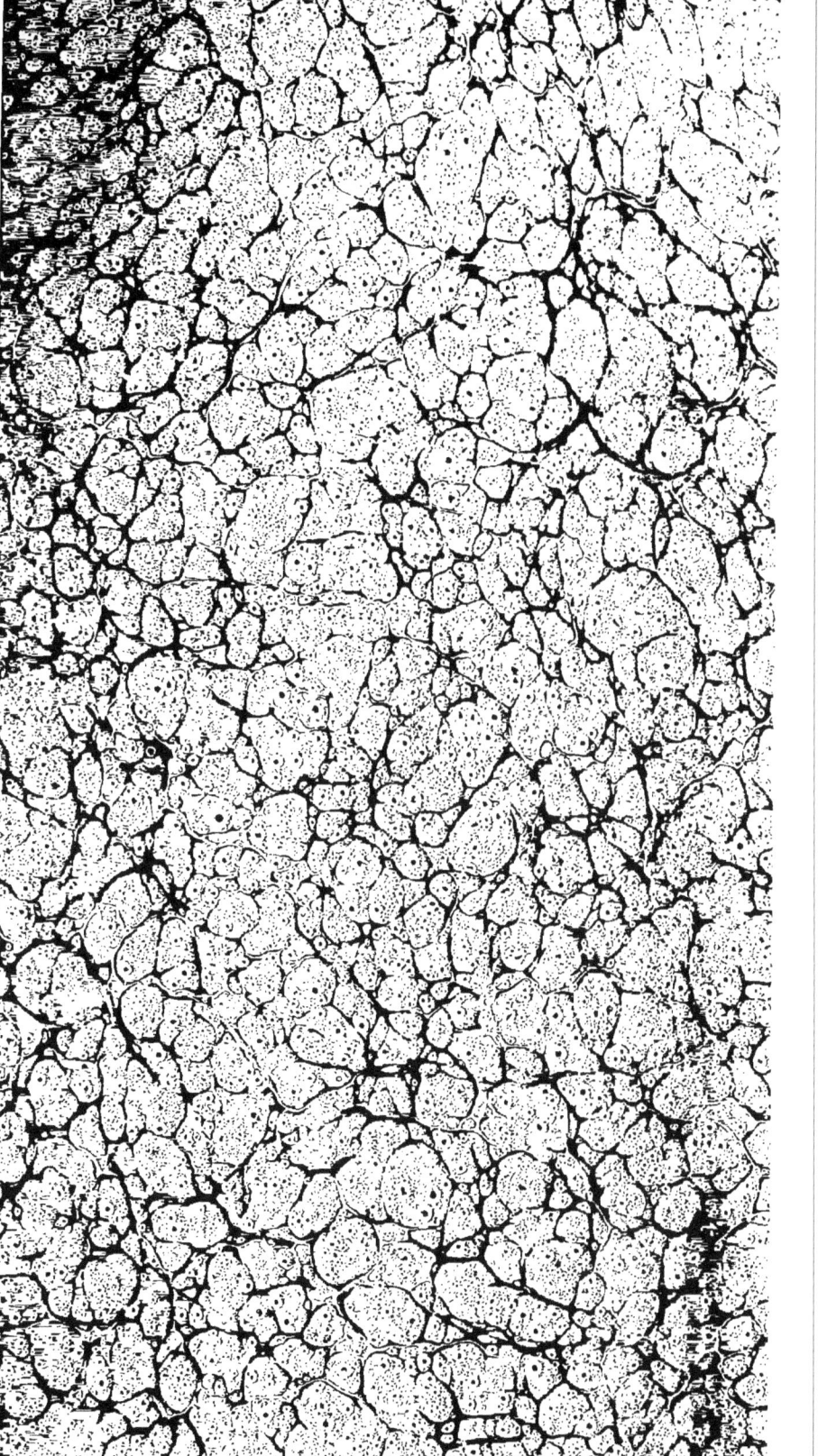

VOYAGE
DANS
LA BASSE ET LA HAUTE
ÉGYPTE.

TOME PREMIER.

OUVRAGES SUR L'ÉGYPTE
qui se trouvent chez P. Didot *l'aîné.*

Voyage dans la basse et haute Égypte, pendant les campagnes du général Bonaparte, par Vivant Denon; 2de edition un vol. in 4° avec un vol. de planches format atlas.

Le même, format in-12, 3 vol, sans les planches, nécessaire aux acquéreurs de l'atlas.

Mémoires sur l'Égypte, *premiere partie*, publiés pendant les campagnes du général Bonaparte dans les années V et VI, volume in-8°, avec deux cartes géographiques, formant le tome 1er,   5 francs.

Deuxieme partie, contenant les mémoires publiés pendant les années VII, VIII, et IX, formant les tomes 2e, 3e, et 4e,   15 f.

Relation des campagnes du général Bonaparte en Égypte et en Syrie, par le général Berthier, chef de l'état-major-général de l'armée d'Orient; vol. in-8° 2 fr. 50 cent.

Pieces officielles de l'armée d'Egypte, 2 vol. in-8°.
Le 1er, contenant les pieces relatives aux opérations militaires et politiques du général Bonaparte en Égypte,   5 f.
Le 2e, contenant tout ce qui concerne l'armée d'Égypte depuis le retour du général Bonaparte en France,   6 f.

VOYAGE
DANS
LA BASSE ET LA HAUTE ÉGYPTE,
PENDANT LES CAMPAGNES DU GÉNÉRAL BONAPARTE.

Par VIVANT DENON,

MEMBRE DE L'INSTITUT NATIONAL DE FRANCE; DE CELUI DE BOLOGNE; DES ACADÉMIES DES ARTS DE FLORENCE ET DE VENISE; DIRECTEUR GÉNÉRAL DU MUSÉE CENTRAL DES ARTS, DE LA MONNOIE DES MÉDAILLES, etc. etc.

QUATRIEME ÉDITION.

TOME PREMIER.

A PARIS,

DE L'IMPRIMERIE DE P. DIDOT L'AINÉ,

AUX GALERIES DU LOUVRE, n° 3.

AN XI.=M. DCCCIII.

A BONAPARTE.

Joindre *l'éclat de votre nom à la splendeur des monuments d'Egypte, c'est rattacher les fastes glorieux de notre siecle aux temps fabuleux de l'histoire; c'est réchauffer les cendres des* Sésostris *et des* Mendès, *comme vous conquérants, comme vous bienfaiteurs.*

L'Europe, en apprenant que je vous accompagnois dans l'une de vos plus mémorables expéditions, recevra mon ouvrage avec un avide intérêt. Je n'ai rien négligé pour le rendre digne du héros à qui je voulois l'offrir.

VIVANT DENON.

PRÉFACE.

Le principal objet d'un auteur, lorsqu'il se décide à faire une préface, est de donner une idée de son ouvrage. Je remplirai cette espece de devoir en insérant ici le discours que je me proposois de lire à l'institut du Caire, à mon retour.

« Vous m'avez dit, citoyens, que l'institut attendoit de moi que je lui rendisse compte de mon voyage dans la haute Égypte, en lui faisant lecture, dans différentes séances, du journal qui doit accompagner les dessins que j'ai rapportés. L'envie de répondre au vœu de l'institut hâtera la rédaction d'une foule de notes que j'ai prises, sans autre prétention que de ne rien oublier de tout ce que chaque jour offroit à ma curiosité. Je parcourois un pays que l'Europe ne connoît guere que de nom ; tout y devenoit donc important à décrire ; et je prévoyois bien qu'à mon retour chacun m'interrogeroit sur ce qui, en raison de ses études habituelles ou de son caractere, exciteroit davantage sa curiosité. J'ai dessiné des objets de tous les genres ; et si je crains ici de fatiguer ceux à qui je montre mes nombreuses productions, parcequ'elles ne leur retracent que ce qu'ils ont sous les yeux, arrivé en France, je me reprocherai peut-être de ne les avoir pas multipliées encore davantage, ou, pour mieux dire, je gémirai de ce que les circonstances ne m'en ont laissé ni le temps ni les facilités. Si mon zele a mis en œuvre tout ce que j'ai de moyens, ils ont été puissamment secondés par le général en chef, en qui les plus vastes conceptions ne font oublier aucun détail. Comme il savoit que le but de mon voyage étoit de visiter les monuments de la haute Égypte, il me fit partir avec la division qui devoit en faire la conquête. J'ai trouvé dans le général Desaix un savant, un curieux, un ami des arts; j'en ai obtenu toutes les complaisances que pouvoient lui permettre les circonstances. Dans le général Belliard, j'ai trouvé égalité de caractere, de l'amitié, des soins inaltérables; de l'aménité dans les officiers, une cordiale obligeance dans tous les soldats de la vingt-unieme demi-brigade; enfin je m'étois identifié de telle sorte au bataillon qu'elle formoit, et au milieu duquel j'avois, si l'on peut s'exprimer ainsi, établi mon domicile, que j'oubliois le plus souvent que je faisois la guere, ou que la guere étoit étrangere à mes occupations.

« Comme on avoit à poursuivre un

ennemi toujours à cheval, les mouvements de la division ont toujours été imprévus et multipliés. J'étois donc obligé quelquefois de passer rapidement sur les monuments les plus intéressants; quelquefois de m'arrêter où il n'y avoit rien à observer. Mais, si j'ai senti la fatigue des marches infructueuses, j'ai éprouvé aussi qu'il est souvent avantageux de prendre un premier apperçu des grandes choses avant de les détailler; que si elles éblouissent d'abord par leur nombre, elle se classent ensuite dans l'esprit par la réflexion; que s'il faut conserver avec soin les premieres impressions, ce n'est qu'en l'absence de l'objet qui les a fait naître qu'on peut les bien examiner, les analyser. J'ai pensé aussi qu'un artiste voyageur, en se mettant en marche, devoit déposer tout amour-propre de métier; qu'il ne doit pas s'occuper de ce qui peut ou non composer un beau dessin, mais de l'intérêt que devra généralement inspirer l'aspect du lieu qu'il se propose de dessiner. J'ai déja été récompensé de l'abandon que j'ai fait de cet amour-propre par la complaisante curiosité que vous avez mise, citoyens, à observer avidement le nombre immense des dessins que j'ai rapportés ; dessins que j'ai faits le plus souvent sur mon genou, ou debout, ou même à cheval : je n'ai jamais pu en terminer un seul à ma volonté, puisque pendant toute une année je n'ai pas trouvé une seule fois une table assez bien dressée pour y poser une regle.

« C'est donc pour répondre à vos questions que j'ai fait cette multitude de dessins, souvent trop petits, parceque nos marches étoient trop précipitées pour attaquer les détails des objets dont je voulois au moins vous apporter et l'aspect et l'ensemble. Voilà comme j'ai pris en masse les pyramides de Ssakharah, dont j'ai traversé l'emplacement au galop pour aller me fixer un mois dans les maisons de boue de Benisuef. J'ai employé ce temps à comparer les caracteres, dessiner les figures, les costumes des différents peuples qui habitent maintenant l'Égypte, leurs fabriques, le gisement de leurs villages.

« Je vis enfin le portique d'Hermopolis; et les grandes masses de ses ruines me donnerent la premiere image de la splendeur de l'architecture colossale des Égyptiens; sur chaque rocher qui compose cet édifice il me sembloit voir gravé, *Postérité, éternité*.

« Bientôt après, Denderah (Tintyris) m'apprit que ce n'étoit point dans les seuls ordres dorique, ionique, et corinthien, qu'il falloit chercher la beauté de l'architecture; que par-tout où existoit l'harmonie des parties, là étoit la beauté. Le matin m'avoit amené près de ses édifices, le soir m'en arracha plus agité que satisfait. J'avois vu cent choses; mille m'étoient échappées : j'étois entré pour la premiere fois dans les archives des sciences et des arts. J'eus le pressentiment que je ne devois rien voir de plus beau en Égypte; et vingt voyages que j'ai faits depuis à *Denderah* m'ont confirmé dans la même opinion. Les sciences et les arts unis par le bon goût ont décoré le temple d'Isis : l'astronomie, la morale, la métaphysique, ont ici des formes, et ces formes décorent des plafonds, des frises, des soubassements, avec autant de goût et de grace que nos sveltes et insignifiants arabesques enjolivent nos boudoirs.

« Nous avancions toujours. Je l'avouerai, j'ai tremblé mille fois que Mourat-bey, las de nous fuir, ne se rendît ou ne tentât le sort d'une bataille. Je crus que celle de Samanhout alloit être la catastrophe de ce grand drame : mais, au milieu du combat, il pensa que le désert nous seroit plus fatal que ses armes ; et Desaix vit encore fuir l'occasion de le détruire, et moi renaître l'espoir de le poursuivre jusqu'au-delà du tropique.

« Nous marchâmes sur Thebes, Thebes dont le seul nom remplit l'imagination de vastes souvenirs. Comme si elle avoit pu m'échapper, je la dessinai du plus loin que je pus l'appercevoir ; et je crus sentir en faisant ce dessin que vous partageriez un jour le sentiment qui m'animoit. Nous devions la traverser rapidement ; à peine on appercevoit un monument, qu'il falloit le quitter.

« Là étoit un colosse qu'on ne pouvoit

mesurer que de l'œil et d'après le sentiment de surprise que sa vue occasionnoit; à droite, des montagnes creusées et sculptées; à gauche des temples, qui, à plus d'une lieue, paroissoient encore d'autres rochers; des palais, d'autres temples dont j'étois arraché; et je me retournois pour chercher machinalement ces cent portes, expression poétique par laquelle Homere a voulu d'un seul mot nous peindre cette ville superbe, chargeant le sol du poids de ses portiques, et dont la largeur de l'Égypte pouvoit à peine contenir l'étendue. Sept voyages n'ont pas suffi à la curiosité que m'avoit inspirée cette premiere journée; ce ne fut qu'à la quatrieme que je pus toucher à l'autre rive du fleuve.

« Plus loin, Hermontis m'auroit semblé superbe, si je ne l'eusse trouvée presque aux portes de Thebes. Le temple d'Esnê, l'ancienne *Latopolis*, me parut la perfection de l'art chez les Égyptiens, une des plus belles productions de l'antiquité ; celui d'Etfu (ou Apollinopolis magna), un des plus grands, des plus conservés, et le mieux situé de tous les monuments de l'Égypte : en son état actuel il paroît encore une forteresse qui la domine.

« Ce fut là que le sort de mon voyage fut décidé, et que nous nous mîmes irrévocablement en marche pour Syene (Assuan) ; c'est dans cette traversée de désert que pour la premiere fois je sentis le poids des années, que je n'avois pas comptées en m'engageant dans cette expédition ; mon courage plus que mes forces me porta jusqu'à ce terme. Là je quittai l'armée pour rester avec la demi-brigade qui devoit tenir Mourat-bey dans le désert. Fier de trouver à ma patrie les mêmes confins qu'à l'empire romain, j'habitai avec gloire les mêmes quartiers des trois cohortes qui les avoient jadis défendus. Pendant vingt-deux jours que je restai dans ce lieu célebre je pris possession de tout ce qui l'avoisinoit. Je poussai mes conquêtes jusque dans la Nubie, au-delà de Philée, isle délicieuse, dont il fallut encore arracher les curiosités à ses farouches habitants; six voyages et cinq jours de siege m'ouvrirent enfin ses temples. Sentant toute l'importance de vous faire connoître le lieu que j'habitois, toutes les curiosités qu'il rassembloit, j'ai dessiné jusqu'aux rochers, jusqu'aux carrieres de granit, d'où sont sorties ces figures colossales, ces obélisques plus colossals encore, ces rochers couverts d'hiéroglyphes. J'aurois voulu vous rapporter, avec les formes, des échantillons de tout ce qu'elles contiennent d'intéressant. Ne pouvant faire la carte du pays, j'ai dessiné à vol-d'oiseau l'entrée du Nil dans l'Égypte, les vues de ce fleuve roulant ses eaux à travers les aiguilles granitiques, qui semblent avoir marqué les limites de la brûlante Éthiopie, et d'un pays plus heureux et plus tempéré. Laissant pour jamais ces âpres contrées, je me rapprochai de la verdoyante Éléphantine, le jardin du tropique : je recherchai, je mesurai tous les monuments qu'elle conserve, et quittai à regret ce paisible séjour, où des occupations douces m'avoient rendu la santé et les forces.

« Sur la rive droite du Nil je trouvai *Ombos,* la ville du Crocodile, celle de Junon Lucine, Cophtos, près de laquelle il fallut défendre ce que je rapportois de richesses, du fanatisme atroce des Mekkains.

« Établi à Kéné, j'accompagnai ceux qui traverserent le désert pour aller à Cosséir mettre une barriere à de nouvelles émigrations de l'Arabie. Je vis ce que l'on pourroit appeler la coupe de la chaîne du Mokattam, les bords stériles de la mer Rouge : j'appris à connoître, à révérer cet animal patient que la nature semble avoir placé dans cette région pour réparer l'erreur qu'elle a commise en créant un désert. Je revins à Kéné, d'où je partis successivement pour retourner à Etfu, à Esnê, à Hermontis, à Thebes, à Denderah ; à Etfu, à Thebes encore, toutes les fois qu'on envoyoit un détachement, et par-tout où il étoit envoyé. Si l'amour de l'antiquité a fait souvent de moi un soldat, la complaisance des soldats pour mes recherches en a fait souvent des antiquaires. C'est dans ces derniers voyages que j'ai visité les tombeaux des rois; que j'ai pu prendre dans ces dépôts mystérieux une idée de l'art de la peinture chez les Égyptiens, de leurs armes, de leurs meubles, de leurs ustensiles, de leurs instruments de musique, de leurs cérémonies, de leurs triomphes; ces dans ces derniers voyages que je suis parvenu à m'assurer que les hiéroglyphes sculptés sur les murailles n'étoient pas les seuls livres de ce peuple savant. Après avoir trouvé sur des bas-reliefs des personnages dans l'action d'écrire, j'ai trouvé encore ce rouleau de papyrus, ce manuscrit unique qui a déja fait l'objet de votre curiosité; frêle rival des pyramides, précieux gage d'un climat conservateur, monument respecté par le temps, et que quarante siecles placent au rang du plus ancien de tous les livres.

« C'est dans ces dernieres excursions que j'ai cherché, par des rapprochements, à compléter cette volumineuse collection de tableaux hiéroglyphiques ; c'est en pensant à vous, citoyens, et à tous les savants de l'Europe, que je me suis trouvé le courage de copier avec une scrupuleuse exactitude les détails minutieux de tableaux secs, dénués de sens, et qui ne devoient avoir pour moi de l'intérêt qu'avec le secours de vos lumieres.

« A mon retour, citoyens, chargé de mes ouvrages, dont le poids s'étoit journellement augmenté, j'ai oublié la fatigue qu'ils m'avoient coûtée, dans la pensée qu'achevés sous vos yeux, et à l'aide de vos conseils, je pourrois quelque jour les utiliser pour ma patrie, et vous en faire un digne hommage. »

VOYAGE

DANS LA BASSE ET LA HAUTE

ÉGYPTE.

J'avois toute ma vie desiré de faire le voyage d'Égypte ; mais le temps, qui use tout, avoit usé aussi cette volonté. Lorsqu'il fut question de l'expédition qui devoit nous rendre maîtres de cette contrée, la possibilité d'exécuter mon ancien projet en réveilla le desir ; un mot du héros qui commandoit l'expédition décida de mon départ : il me promit de me ramener avec lui ; et je ne doutai pas de mon retour. Dès que j'eus assuré le sort de ceux dont l'existence dépendoit de la mienne, tranquille sur le passé, j'appartins tout à l'avenir. Bien persuadé que l'homme qui veut constamment une chose acquiert dès-lors la faculté de parvenir à son but, je ne songeai plus aux obstacles, ou du moins je sentis au-dedans de moi tout ce qu'il falloit pour les surmonter; mon cœur palpitoit sans qu'il me fût possible de me rendre compte si cette émotion étoit de la joie ou de la tristesse; j'allois errant, évitant tout le monde, m'agitant sans objet, sans prévoir ni rassembler rien de ce qui alloit m'être si utile dans un pays si dénué de toutes ressources. Le brave et malheureux *du Falga* m'associa mon neveu. Combien je fus reconnoissant de ce bienfait! emmener un être aimable en m'éloignant de tout ce que j'aimois, c'étoit empêcher la chaîne de mes affections de se rompre, c'étoit conserver à mon ame l'exercice de sa sensibilité, c'étoit un acte qui caractérisoit la délicatesse de ce brave et savant homme.

Je m'étendrai peu sur mon voyage de Paris jusqu'au port désigné pour l'embarquement. Nous arrivâmes à Lyon sans sortir de voiture; là nous nous embarquâmes sur le Rhône jusqu'à Avignon.

Je pensois, en voyant les belles rives de la Saône, les pittoresques bords du Rhône, que, sans jouir de ce qu'ils possedent, les hommes vont chercher bien loin des aliments à leur insatiable curiosité. J'avois vu la Néva, j'avois vu le Tibre, j'allois chercher le Nil; et cependant je n'avois pas trouvé en Italie de plus belles antiquités qu'à Nîmes, Orange, Beaucaire, S.-Remi, et Aix. Je cite cette derniere ville, parceque nous y restâmes une heure, et que je m'y baignai dans une chambre et dans une baignoire où, depuis le proconsul Sextus, on n'avoit rien changé que le robinet.

Nous perdîmes un jour à Marseille: nous en partîmes le 24 floréal an 6, pour Toulon; et, le 25, j'étois en mer sur la frégate *la Junon*, destinée avec deux autres frégates à éclairer la route, et former l'avant-garde.

Le vent étoit contraire; la sortie fut difficile : nous abordâmes deux autres bâtiments; pronostic fâcheux : un Romain seroit rentré; mais ce Romain auroit eu tort, car le hasard, qui nous sert presque toujours mieux que nous ne nous servons nous-mêmes, en ne me laissant rien faire comme je voulois, en me conduisant aveuglément à tout ce que je voulois faire, me mit dès ce moment aux avant-postes, que je ne devois pas quitter de toute l'expédition.

Le 26, nous ne fîmes que des bordées.

Le 27, vers le soir, nous découvrîmes quatre voiles ; elles manœuvroient sous notre vent en ordre de bataille : on ordonna le branlebas; le *branlebas!* mot terrible dont on ne peut se faire idée, quand on n'a pas été en mer, silence, terreur, appareil de carnage, appareil de ses suites, plus funestes que le carnage même, tout est là sous les yeux réuni sur un même point; la manœuvre et les canons sont les seuls objets de la sollicitude, et les hommes ne sont plus qu'accessoires. La nuit vint, et non pas la tranquillité; nous la passâmes à notre poste. Au jour, nous n'avions rien perdu de l'avantage des vents : nous ne pouvions juger si c'étoient des vaisseaux ou des frégates; ils étoient quatre, et nous trois;

tous nos bas agrès étoient embarrassés de trains d'artillerie : dans l'après-midi la commandante nous ordonna de la suivre en ordre de bataille, et assura son pavillon d'un coup de canon : les bâtiments inconnus arborerent pavillon espagnol. La nuit arrivoit, on nous laissa coucher : à trois heures du matin on nous éveilla avec l'ordre de se préparer au combat.

Je n'étois pas fâché de commencer une expédition par quelque chose de brillant; mais j'avois bien quelque peur d'échanger le Nil contre la Tamise. Nous n'étions plus qu'à une portée de canon, lorsque la commandante envoya un canot, qui, après une heure, nous rapporta que nous avions également inquiété quatre frégates espagnoles, qui ne venoient pas plus que nous chercher l'ennemi.

Le 30, à la pointe du jour, le vent passa au nord-ouest : la flotte et le convoi se mirent en mouvement, et à midi la mer en fut couverte. Quel spectacle imposant! jamais pompe nationale ne peut donner une plus grande idée de la splendeur de la France, de sa force, de ses moyens;

et peut-on sans la plus vive admiration songer à la facilité, à la promptitude avec laquelle fut préparée cette grande et mémorable expédition ! On vit accourir avec enthousiasme dans les ports des milliers d'individus de toutes les classes de la société. Presque tous ignoroient quelle étoit leur destination : ils quittoient femmes, enfants, amis, fortune, pour suivre Bonaparte, et par cela seul que Bonaparte devoit les conduire.

Le 1er prairial, l'*Orient* sortit enfin du port, et nous commençâmes à marcher par un bon vent; chaque bâtiment prit ses positions en ordre de marche. Nous nous mîmes en avant; ensuite venoit le général avec ses avisos, et les vaisseaux de ligne; le convoi suivoit la côte entre les isles d'Hieres et du Levant : le soir, le vent fraîchit; le *Francklin* fut démâté de son hunier d'artimon, deux frégates de notre division furent envoyées pour avertir le convoi de Gênes qui devoit nous joindre; et, le 3 prairial au matin, nous nous trouvâmes par le travers de la Corse à la hauteur de S.-Florent, voyant cette partie de l'isle comme elle est représentée figure premiere, planche premiere de l'Atlas

Nous dirigions sur le cap Corse, qui termine cette premiere figure, marchant à l'est, abandonnant à notre gauche Gênes et le rivage ligurien. Notre ligne militaire avoit une lieue d'étendue, et le demi-cercle que formoit le convoi en avoit tout au moins six. Je comptai cent soixante bâtiments, sans pouvoir tout compter.

Le 4, au matin, nous avions dépassé le cap Corse; le convoi filoit en bon ordre; nos vaisseaux étoient par le travers du cap Corse et de l'isle Capraya. J'en dessinai le détroit (*figure* 2).

Le convoi qui étoit resté sous le vent du cap ne put le doubler de la journée, et nous restâmes à l'attendre sur le cap même, à une lieue de la terre. Je fis un dessin du cap ($n°$ 3).

Le 5, au matin, la division légere se trouva par le travers de la côte orientale de la Corse, vis-à-vis de Bastia, dont je distinguai fort bien la rade et le port: j'en fis le dessin ($n°$ 6). La ville me parut jolie, et le territoire d'un aspect moins sauvage que le reste de l'isle : j'en fis un dessin (n° 4). L'isle d'Elbe est un rocher de fer, dont les mines cristallisées offrent toutes les couleurs du prisme. Ce rocher est partagé en trois souverainetés : la seigneurie et les mines sont au prince de Piombino ; à gauche, Porto-Ferraio appartient au grand-duc de Toscane ; à droite, Porto-Longone est au roi de Naples (1).

Je fis aussi le dessin de la partie sud-ouest de Capraya (n° 5), qui n'est de ce côté qu'un rocher escarpé inabordable. Il appartient aux Génois, qui y ont un château et un mouillage à la partie orientale.

A 5 heures, nous avions à l'est l'isle Pianose, qui n'est qu'un plateau d'une lieue d'étendue ; elle ne s'éleve qu'à quelques pieds au-dessus de la surface de la mer ; ce qui en fait un écueil très dangereux de nuit pour tout pilote qui ne

---

(1) D'après le dernier traité de paix avec Naples, la possession de l'isle est assurée à la France.

connoît pas ces parages ; elle est entre l'Elbe et Monte-Cristo, rocher inculte, abandonné aux chevres sauvages (*voyez n° 7*). A l'ouest de cette isle, le vent nous manquoit, et notre pesant convoi ne cheminoit plus.

Quand le calme s'établit, l'oisiveté développe toutes les passions des habitants d'un vaisseau, fait naître tous les besoins superflus, et les querelles pour se les procurer. Les soldats vouloient manger le double, et se plaignoient; les plus avides vendoient leurs effets ou en faisoient des loteries; d'autres, encore plus pressés de jouir, jouoient, et perdoient plus en un quart-d'heure qu'ils ne pouvoient payer en toute leur vie : après l'argent venoient les montres ; j'en ai vu six ou huit sur un coup de dés. Lorsque la nuit faisoit treve à ces jouissances violentes, un mauvais violon, un plus mauvais chanteur, charmoient sur le pont un nombreux auditoire : un peu plus loin, un conteur énergique attachoit l'attention d'un groupe de soldats, toujours prêts à s'emporter contre celui qui auroit troublé le récit des prodiges de valeur et des aventures merveilleuses de Tranche-Montagne : car le héros étoit toujours un soldat; ce qui rendoit toutes les aventures aussi probables qu'intéressantes pour les auditeurs.

Cependant nos provisions diminuoient, et nous restions toujours sur les mêmes parages.

Le 6, nous étions encore par le travers du Monte-Cristo, et de la rive orientale de la Corse. Je fis la vue de cette derniere (n° 8). Cette partie de l'isle me parut la plus riante et la mieux cultivée.

Le 7, au point du jour, nous nous trouvâmes devant les bouches de Bonifacio (*voyez* n° 9). Notre convoi étant rassemblé, nous eussions fait bonne route, si on n'avoit pas été obligé de mettre en panne pour attendre les divisions d'Ajaccio et de Civita-Vecchia. La *Diane* et un aviso leur avoient été dépêchés; nous avions reçu l'ordre de croiser en avant, de questionner et de reconnoître les bâtimens.

Le 8, au matin, nous avions perdu

toute terre de vue. La journée du 9 se passa dans une parfaite stagnation. Le calme d'une croisiere en mer ressemble au sommeil que procure l'opium dans l'ardeur de la fievre ; le mal a été suspendu, mais on n'a rien gagné sur la maladie.

Le 10, on nous laissa marcher. Le convoi d'Ajaccio nous avoit joints, et l'on n'attendoit plus celui de Civita-Vecchia ; nous avions perdu de vue la Corse, et nous nous trouvions vis-à-vis de l'isle de Talara (*voyez planche* II, n° 1).

La Sardaigne n'est pas aussi élevée que la Corse : ces deux isles l'une au bout de l'autre paroissent une prolongation de la chaîne des Alpes qui aboutit au golfe de Gênes, ainsi que la chaîne de l'Apennin, celle des Vosges, et toutes les autres chaînes secondaires, qui ne sont que des diramations divergentes du même noyau. A midi, on nous signala un ordre par écrit : nous avions tellement besoin d'évènements que ce fut une fête à bord ; cet ordre étoit de marcher sur Cagliari, et de revenir à Porto-Vecchio, si l'ennemi supérieur en forces nous y avoit prévenus.

Le 11 et le 12, nous ne pûmes profiter du vent, la flotte n'ayant fait que des bordées : le soir, la *Badine* nous rejoignit, nous apportant l'espoir presque certain de trouver la mer libre à la pointe de Cagliari. Le soir, je dessinai cette pointe.

Jusqu'au 16 il n'y eut rien de nouveau. Nos provisions s'achevoient ; notre eau fétide ne pouvoit plus être chauffée ; les animaux utiles disparoissoient, et ceux qui nous mangeoient centuploient.

Le 17, nous reçûmes l'ordre d'une nouvelle formation ; ce qui nous fit penser que décidément nous nous mettions en marche, et que nous allions faire canal. La *Diane* marchoit en avant : nous passions ses signaux à l'*Alceste*, qui les transmettoit au *Spartiate*, de là à l'*Aquilon*, et enfin à l'*Amiral*. Vers les 8 heures nous nous trouvâmes dans l'ordre que je viens de décrire. En cas que la *Diane* chassât un vaisseau ennemi, les cinq bâtimens de la flotte légere devoient forcer de voiles pour les rejoindre. Nous vîmes de petits dauphins à notre proue ; mais, à notre grand regret, ils disparurent pendant que nous nous disposions à les harponner. Je les observai de très près ; leur marche ressemble au tangage d'un bâtiment ; ils sortent ainsi de l'eau, et s'élancent à vingt pieds en avant ; leur forme est élégante, et leurs mouvements rapides ressemblent plutôt à la gaieté d'une joûte, qu'ils n'annoncent la voracité d'un animal qui cherche une proie. Le soir, le vent fraîchit, et, passant de l'est à l'ouest, rassembla de telle sorte le convoi, que je crus voir Venise, et que tous ceux qui connoissoient cette ville s'écrierent, *C'est Venise qui marche* (*v. n°* 1, *pl.* III)*!* Au soleil couchant nous découvrîmes Martimo, et reçûmes ordre de rallier le convoi, au milieu duquel nous passâmes la nuit comme dans une ville ambulante.

Le 18, nous reprîmes l'ordre de la veille. Je dessinai le Martimo (*n°* 4, *pl.* II), rocher qui semble être un môle à la pointe occidentale de la Sicile : c'est un des points de reconnoissance de la Méditerranée ; et c'étoit un de ceux où nous pouvions trouver les Anglais. Le vent fraîchit, et nous faisions deux lieues à l'heure : c'est dans ces cas qu'on oublie les inconvénients de la mer pour ne voir que l'avantage d'en faire l'agent d'une marche de quarante mille hommes, sans halte ni relais. A une heure, nous étions par le travers de Martimo, à une lieue de ce rocher, découvrant la Favaniane, autre rocher qui est devant Trapany, et le Mont-Érix, qui domine cette ville, célèbre par un temple de Vénus, et par la maniere dont on y offroit des sacrifices à cette déesse. J'avois autrefois visité le Mont-Érix, et j'y avois cherché son temple, la ville du même nom, renommée par la beauté des femmes qui l'habitoient : mais, malgré ma jeunesse et l'imagination de cet âge, je n'avois pu voir qu'un méchant village, quelques substructions du temple, et les squelettes des anciennes beautés. Je fis un dessin de la Favaniane, du Mont-Érix, et d'une partie de la côte de Sicile. (*Voyez planche* II, n° 6).

Ce pays agréable, cultivé, abondant,

consoloit nos yeux de l'aspect âpre des côtes de Corse et des rochers qui les avoisinent : ils avoient un charme de plus pour moi, celui des souvenirs; la Sicile étoit pour mon imagination une ancienne propriété : je pouvois appercevoir, à travers les vapeurs de l'atmosphere, Marsala, l'ancienne Lilybée, d'où les Grecs et les Romains voyoient sortir de Carthage les flottes qui venoient les attaquer. Plus loin j'entrevoyois les campagnes vertes et riantes de Mazzara, la ville de Motia, que les Syracusains attacherent à la terre par une jetée, pour y aller combattre les Carthaginois; et mon imagination, suivant la côte, revoit les aspects de Sélinonte, de ses temples, de ces colonnes debout ressemblant encore à des tours, et plus loin l'hospistaliere Agrigente. Nous faisions trois lieues à l'heure ; et mon rêve alloit se réaliser, lorsqu'on nous signala de nous rapprocher de l'armée pour passer la nuit avec elle. Je fis, en soupirant de regret, un dessin de ce que je voyois de ces heureuses côtes (*voyez n° 7, planche* II) : c'étoit un dernier hommage, et, suivant toute apparence, ce fut un éternel adieu.

La nuit fut belle. J'avois recommandé qu'on m'éveillât si l'on voyoit encore la terre au point du jour : à trois heures et demie j'étois sur le pont, et les premiers rayons du jour me firent voir que toute l'armée et le convoi faisant canal avoient marché sur Malte. La Sicile disparut. J'apperçus au sud-ouest, ou plutôt je jugeai le gisement de la Pantellerie aux nues orageuses dont elle s'enveloppe perpétuellement, honteuse sans doute d'avoir de tout temps servi aux vengeances des gouvernements : les Romains y exiloient leurs illustres proscrits; elle recele encore les prisonniers d'état du roi de Naples.

Le 19, le ciel fut clair; mais un vent foible nous fit faire peu de chemin; et une chasse que nous fîmes sur un bâtiment inconnu nous sépara de la flotte, que nous ne pûmes rejoindre. On vit un poissson d'environ 80 pieds de long.

La nuit fut calme, et le point du jour du 20 nous retrouva dans la même position où nous avoit laissés le soleil couchant. Nous vîmes au nord-est l'Etna se découper sur l'horizon ; j'en reconnus les contours dans tous leurs développements : la fumée s'échappoit par son flanc oriental, et accusoit une éruption par une bouche accidentelle ; il étoit à cinquante lieues de nous, et paroissoit encore plus grand que les montagnes de la côte du midi, qui n'en étoit qu'à douze. A peine le soleil fut-il à quelques degrés d'élévation qu'il disparut avec l'ombre qui marquoit son contour.

Nous apperçûmes le Gozo à six heures ; le soir nous le distinguâmes parfaitement qui rougissoit à l'horizon à 7 lieues de distance : nous nous mîmes en panne pour passer la nuit et attendre le convoi. A la pointe du jour je revis encore l'Etna, dont la fumée s'étendoit sur le ciel à plus de 20 lieues de distance comme un long voile de vapeurs. Nous étions alors à 53 lieues de l'isle.

Tous les bâtiments armés passerent à la poupe du général. Nous n'avions pas encore approché de *l'Orient* depuis notre départ : cette évolution avoit quelque chose de si auguste et de si imposant, que, malgré le plaisir que nous avions de nous revoir, nous n'ajoutâmes pas une phrase au bon jour qu'à voix basse nous nous dîmes en passant.

Le 20, nous tournâmes à la partie nord du Gozo ; c'est un plateau élevé, taillé à pic, et sans abordage : nous côtoyâmes ensuite la partie orientale à demi-portée de canon. Ce côté, qui paroît d'abord aussi aride que l'autre, est cependant cultivé en coton ; toutes les petites vallées sont autant de jardins.

Vers le milieu de l'isle il y a un gros village, sous lequel est une batterie, et au sommet le plus élevé un château casematé, fort bien bâti.

A huit heures on signala des voiles ; on en distinguoit trente : étoit-ce la flotte ennemie ? on envoya reconnoître ; c'étoit enfin la division du général Desaix, le convoi de Civita-Vecchia, qui avoit suivi la côte d'Italie, passé le détroit de Messine, et nous avoit précédés de quelques jours devant Malte.

De même que l'avalanche, qui s'est grossie en roulant des neiges, menace dans sa chûte accélérée par sa masse d'entraîner les forêts et les villes ; ainsi notre flotte, devenue immense, portoit sans doute l'effroi sur tous les parages qui venoient à la découvrir. La Corse avertie n'avoit ressenti d'autre émotion que celle qu'inspire un aussi grand spectacle; la Sicile fut épouvantée, Malte nous parut dans la stupeur. Mais n'anticipons pas sur les évènements.

A cinq heures nous passâmes devant le Cumino et le Cuminotto, qui sont deux islots qui séparent le Gozo de Malte, et composent avec ces deux derniers toute la souveraineté du grand-maître. Il y a plusieurs petits châteaux pour garder les islots des Barbaresques, et les empêcher de s'y établir lorsque les galeres de Malte ont fini leur croisiere. Une de nos barques alloit y aborder ; on lui refusa de mettre à terre : son canot fit le tour, et en sonda les mouillages. A six heures nous vîmes Malte, dont l'aspect ne m'imposa pas moins d'admiration que la première fois que je l'avois vue : deux seules méchantes barques vinrent nous proposer du tabac à fumer. La nuit vint ; aucune lumière ne parut dans la ville : notre frégate étoit par le travers de l'entrée du port à moins d'une portée de canon du fort S.-Elme ; on ordonna de mettre toutes les embarcations en mer. A neuf heures on nous signala de prendre position ; le vent étoit presque nul. L'armée fit des signaux de nuit relatifs à ces mouvements, et à ceux du convoi ; on tira des fusées, puis le canon ; ce qui fit éteindre jusquà la dernière lumière du port. Notre capitaine étoit allé à bord du général ; mais il garda le secret sur les ordres qu'il y avoit reçus.

Le 22, à quatre heures du matin, entraînés par les courants, nous étions sous le vent de l'isle, dont nous voyions la partie de l'est ; il n'y avoit point encore de vent. Je fis (n° 1, *planche* VIII) une vue de toute l'isle, du Gose, et des deux islots, pour avoir une idée de la forme générale de ce groupe et de sa surface sur la ligne horizontale de la mer.

Il s'éleva une petite brise; on en profita pour former une ligne demi-circulaire, et dont une extrémité aboutissoit à la pointe Sainte-Catherine, et l'autre à une lieue à gauche de la ville, et en bloquoit le port; nous mîmes le centre par le travers des forts Saint-Elme et Saint-Ange. Le convoi étoit allé mouiller entre les isles de Cumino et du Gose. Un moment après on entendit un coup de canon qui partoit du fort Sainte-Catherine, et qui étoit dirigé sur les barques qui s'approchoient de la côte, et le débarquement que commandoit Desaix : tout de suite un autre coup se fit entendre du château qui domine la ville; sur le même château l'étendard de la religion fut déployé; en même temps, à l'autre extrémité de la circonvallation de nos bâtiments, des chaloupes mettoient à terre des soldats et des canons : à peine formés sur le rivage, ils marcherent sur deux postes, dont la garnison se replia après un moment de résistance. Alors les batteries de tous les forts commencerent à tirer sur les débarquements et sur nos bâtiments. J'en fis le dessin (n° 3, *pl*. III). Les forts continuerent à tirer jusqu'au soir avec une précipitation imprudente qui déceloit le trouble et la confusion. A dix heures, nous vîmes nos troupes gravir le premier monticule, et marcher sur les derrieres de la *Cité-Valette*, pour s'opposer à une sortie qu'avoient faite les assiégés : ils furent repoussés jusque dans les murs et sous les batteries; la fusillade ne cessa qu'à la nuit fermée. Cette tentative de la part des chevaliers unis à quelques gens de la campagne eut une funeste issue : il y avoit eu du mouvement dans la ville, et la populace massacra plusieurs chevaliers à leur rentrée.

Le vent tomboit : nous profitâmes du reste de la brise pour nous rapprocher des vaisseaux, dans la crainte de nous trouver par un calme plat à la disposition de deux galeres maltaises, qui étoient venues mouiller à l'entrée du port (*voy*. *pl*. III, n° 2). J'étois toujours sur le pont, et, la lunette à la main, j'aurois pu faire de là le journal de ce qui se passoit dans la ville, et noter, pour ainsi dire, le degré d'activité des passions qui en dirigeoient les mouvements. Le premier jour tout étoit en armes : les chevaliers en grande tenue, une communication perpétuelle de la ville aux forts, où l'on faisoit entrer toutes sortes de provisions et de munitions ; tout annonçoit la guerre : le second jour le mouvement n'étoit plus que de l'agitation ; il n'y avoit qu'une partie des chevaliers en uniforme ; ils se disputoient et n'agissoient plus.

Le 23, à la pointe du jour, je retrouvai tout dans le même état où je l'avois laissé : on continua un feu lent et insignifiant. Bonaparte étoit revenu à bord ; le général Reynier, qui s'étoit emparé du Gosé, lui avoit envoyé des prisonniers ; après se les être fait nommer, il leur dit d'un ton indigné : Puisque vous avez pu prendre les armes contre votre patrie, il falloit savoir mourir ; je ne veux point de vous pour prisonniers ; vous pouvez retourner à Malte tandis qu'elle ne m'appartient pas encore.

Une barque sortit du port ; nous envoyâmes un canot la héler, et la conduire au général. Quand je vis cette petite barque portant à sa poupe l'étendard de la religion, cheminant humblement sous ces remparts qui avoient victorieusement résisté deux années à toutes les forces de l'orient, commandées par le terrible Dragut ; quand je me peignis cette masse de gloire, acquise et conservée pendant des siecles, venant se briser contre la fortune de Bonaparte, il me sembla entendre frémir les mânes des Lisle-Adam, des Lavalette, et je crus voir le temps faire le plus illustre sacrifice à la philosophie, de la plus auguste de toutes les illusions.

A onze heures, il se présenta une seconde barque avec le drapeau parlementaire : c'étoient des chevaliers qui quittoient Malte : ils ne vouloient point être comptés parmi ceux qui avoient tenté de résister. On put juger par leurs discours que les moyens des Maltais se réduisoient à peu de chose. A quatre heures la *Junon* étoit à une demi-portée : j'observai tous les forts, et j'y voyois moins d'hommes que de canons.

Les portes des forts étoient fermées; ils n'avoient plus de communication avec la ville; ce qui faisoit voir la méfiance et la mésintelligence qui existoient entre les habitants et les chevaliers. L'aide de camp Junot fut envoyé avec l'ultimatum du général. Quelques moments après une députation de douze commissaires maltais se rendit à l'*Orient*. Nous nous trouvions parfaitement vis-à-vis de la ville, percée du nord au sud, et dont nous avions la vue dans toute la longueur des rues; elles étoient aussi éclairées alors qu'elles avoient été obscures la nuit de notre arrivée.

Le 24 au matin, nous apprîmes que l'aide-de-camp du général avoit été reçu avec acclamation par les habitans. Avec ma lunette je distinguai que la grille qui fermoit le fort S.-Elme paroissoit assaillie par une multitude de gens du peuple: ceux qui étoient dedans étoient assis sur les parapets des batteries sans proférer une parole, dans l'attitude de gens qui attendent avec inquiétude. A onze heures et demie nous vîmes partir de l'*Orient* la barque parlementaire qui y étoit restée la nuit, et, en même temps, nous reçumes l'ordre d'arborer le grand pavillon; un moment après, on nous signala que nous étions maîtres de Malte.

Cette isle devenoit une échelle entre notre pays et celui que nous allions conquérir; elle achevoit la conquête de la Méditerranée, et jamais la France n'étoit arrivée à un si haut degré de puissance. A cinq heures nos troupes entrerent dans les forts, et furent saluées par la flotte, de cinq cents coups de canon.

Nous étions sortis les premiers de Toulon, nous entrâmes les derniers à Malte; nous ne pûmes aller à terre que le 25 au matin. Je connoissois cette ville surprenante; je ne fus pas moins frappé, la seconde fois, de l'aspect imposant qui la caractérise.

On hésite en géographie si l'on doit attacher Malte à l'Europe ou à l'Afrique. La figure des Maltais, leur caractere moral, la couleur, le langage, doivent décider la question en faveur de l'Afrique.

Français et Maltais, tous étoient très surpris de se trouver sur le même sol; chez nous c'étoit de l'enthousiasme, chez eux de la stupéfaction.

On délivra tous les esclaves turcs et arabes; jamais la joie ne fut prononcée d'une maniere plus expressive: lorsqu'ils rencontroient les Français, la reconnoissance se peignoit dans leurs yeux d'une maniere si touchante, qu'à plusieurs reprises elle me fit verser des larmes; ce fut un vrai bonheur que j'éprouvai à Malte. Pour prendre une idée de leur extrême satisfaction dans cette circonstance, il faut savoir que leur gouvernement ne les rachetoit et ne les échangeoit jamais, que leur esclavage n'étoit adouci par aucun espoir; ils ne pouvoient pas même rêver la fin de leurs peines.

J'allai chercher mes anciennes connoissances: je revis avec un plaisir nouveau les belles peintures à fresque de Calabrese dont les voûtes de l'église de S.-Jean sont décorées, le magnifique tableau de Michel-Ange-de-Caravage, dans la sacristie de la même église. J'allai à la bibliotheque; et j'y vis un vase étrusque, trouvé au Gose, de la plus belle espece et pour la terre et pour la peinture. Je fis le dessin d'un vase de verre d'une très grande proportion (*voyez pl.* IV, *n°* 6), celui d'une lampe, trouvée de même au Gose, celui encore d'une espece de disque votif en pierre, portant en bas-relief, sur l'une de ses faces, un sphinx avec la patte sur une tête de belier (*voyez la planche* IV, *figures* 5 *et* 7) : le travail n'en est pas précieux, mais il y a trop de style pour laisser douter que ce morceau ne soit antique; le reste des curiosités est gravé dans la description du cabinet de Malte, ou dans celle que j'en ai donnée dans le Voyage pittoresque d'Italie.

On avoit trouvé depuis quelques mois une sépulture près la cité, dans un lieu appelé Earbaçeo (*voyez même planche*, *n°* 5).

Le quatrieme jour, le général nous donna un souper où furent admis les membres des autorités nouvellement constituées. Ils virent avec autant de surprise que d'admiration l'élégance martiale de nos généraux, cette assemblée d'officiers rayonnants de santé, de vie, de gloire, et d'espérance; ils furent frappés de la physionomie imposante du général en chef, dont l'expression agrandissoit la stature.

Le mouvement qui avoit régné dans la ville à notre arrivée avoit fait fermer les cafés et autres lieux publics : les bourgeois, encore étonnés des évènements, se tenoient clos dans leurs maisons ; nos soldats, la tête échauffée par le soleil et par le vin, avoient épouvanté les habitants, qui avoient fermé leurs boutiques et caché leurs femmes. Cette belle ville, où nous ne voyions que nous, nous parut triste ; ces forts, ces châteaux, ces bastions, ces formidables fortifications qui sembloient dire à l'armée que rien ne pouvoit plus l'arrêter et qu'elle n'avoit plus qu'à marcher à la victoire, la firent retourner avec plaisir à bord. Le vent s'opposoit cependant à notre sortie ; j'en profitai pour faire les trois vues de l'intérieur du port, que l'on peut voir *même planche, n° 4, 5 et 6.*

La journée du 30 se passa à courir des bordées devant le port.

Le matin du 1ᵉʳ messidor, le général sortit, laissant dans l'isle quatre mille hommes de troupes, commandés par le général Vaubois, deux officiers de génie et d'artillerie, un commissaire civil, et enfin tous ceux qui, poussés par une inquiete curiosité, s'étoient embarqués sans trop de réflexion, qui, par une suite de leur inconstance ou de leur inconséquence, s'étoient dégoûtés sur la route, et qui, fatigués des inconvénients inséparables des voyages, les comptoient au nombre des injustices qu'à les en croire on leur faisoit éprouver. J'en ai vu qui, peu touchés des beautés de Malte, de la commodité de ses ports, de l'avantage de sa situation, trouvoient ridicule qu'un rocher sous le climat de l'Afrique ne fût pas aussi verd que la vallée de Montmorenci : comme si chaque contrée n'avoit pas reçu des dons particuliers de la nature! Voyager n'est-ce pas en jouir? et ne les détruit-on pas en cherchant à les comparer?

Si l'aspect de Malte est aride, peut-on voir sans admiration que la plus petite colline qui recele quelque peu de terre soit toujours un jardin aussi délicieux qu'abondant, où l'on pourroit acclimater toutes les plantes de l'Asie et de l'Afrique? Cette espece de premiere serre-chaude pourroit servir à en alimenter une autre à Toulon, et, par degré, en amener les productions jusqu'à Paris, sans leur avoir fait éprouver les secousses trop vives qu'occasionne l'extrême différence des climats : peut-être y naturaliseroit-on une grande partie des plantes exotiques que nous faisons venir à grands frais chaque année dans nos serres, qui y languissent la seconde année, et y périssent la troisieme. Les expériences déja faites sur les animaux me semblent venir à l'appui de ce système de graduation.

Toute la journée du 1er messidor fut employée à rassembler l'armée, l'escadre légere et les convois. Vers les six heures on signala de se mettre en ordre de marche : le mouvement fut général dans tous les sens, et produisit la confusion.

Obligés de céder le passage à l'*Amiral*, nous nous apperçûmes un peu tard que la frégate la *Léoben* venoit sur nous : l'officier de quart prétendoit que la *Léoben* avoit tort, et s'en tint strictement à la tactique : le capitaine, plus occupé de sauver la frégate contre la regle que de donner un tort à la *Léoben*, ordonna une manœuvre; l'officier en ordonna une autre : il y eut un moment d'inertie; il ne fut plus temps d'opérer. Je conçus notre danger à la contraction de toute la personne de notre capitaine : Nous aborderons ! nous allons aborder ! nous abordons! furent les trois mots prononcés consécutivement; et le temps de les prononcer celui qu'il falloit pour décider de notre sort. Les bâtiments s'approchent, les agrès s'engagent, se déchirent ; une demi-manœuvre de la *Léoben* nous fait présenter son flanc, et le choc est amorti par des roues de trains d'artillerie attachées contre son bordage ; elles sont fracassées : les cris de quatre cents personnes, les bras étendus vers le ciel, me font croire un instant que la *Léoben* est la victime de ce premier choc; nous voulons faire un mouvement pour éviter ou diminuer le second, nous trouvons à tribord l'*Artémise* qui nous arrivoit dans le sens contraire, et, en avant, la proue d'un vaisseau de 72, que nous n'eûmes pas le temps de reconnoître. L'effroi fut à son comble ; nous étions devenus un point où tous les dangers se concentroient à la fois. Le second mouvement de la *Léoben* nous présentoit la partie de l'avant ; sa vergue de misene entra sur notre pont. Cet incident, qui pouvoit être funeste à bien du monde, tourna à notre avantage; les matelots, et notamment les Turcs qui nous étoient arrivés, se jeterent sur cette vergue, et firent de tels efforts pour la repousser, que le coup, qui n'étoit point appuyé par le vent, fut amorti; et cette fois nous en fûmes quittes pour un trou fait dans la partie haute de notre bordage par l'ancre de la *Léoben*. L'*Arté-*

mise avoit glissé à notre poupe; le vaisseau avoit avancé; les efforts pour le débarrasser de la vergue de la *Léoben* l'avoient repoussé au large, et tous ces dangers, qui s'étoient amoncelés sur nous comme les nuées pendant l'orage, se dissipèrent encore plus promptement. Il ne nous resta que la fureur de notre officier de quart, qui auroit voulu que nous eussions tous péri, pour prouver à son camarade que c'étoit lui qu'il falloit accuser. Nous dûmes notre salut à la foiblesse du vent, et aux trains d'artillerie qui affoiblirent le premier choc. Deux bâtiments marchands qui se heurtent peuvent se faire quelque mal, mais non s'anéantir : il n'en est pas de même de deux vaisseaux de guerre; il est bien rare que l'un ou l'autre ne périsse, et souvent tous les deux.

Le 2, nous eûmes toute la journée un calme plat, et toute la chaleur du soleil de la fin de juin au trente-cinquieme degré.

Dans la nuit, une brise nous mit en

pleine route. L'ordre de la marche fut changé.

Le 3, on mit le convoi en avant, l'armée derriere, et nous sur le flanc gauche.

Les 4, 5 et 6, nous eûmes un temps fait, vent arriere, qui nous eût menés à Candie, si nous n'eussions pas eu notre convoi qu'il falloit attendre à tout moment.

Les vents de nord et de nord-est sont les vents alizés de la Méditerranée pendant les trois mois de juin, juillet, et août; ce qui rend la navigation de cette saison délicieuse pour aller au sud et à l'ouest, mais ce qui en même temps fait dépendre du hasard tous les retours, parcequ'il faut les faire dans les mauvaises saisons.

Du 6 au 7, nous fîmes quarante-huit lieues par une brise qui étoit presque du vent. On nous fit signal à onze heures de faire chasse pour trouver la terre; nous découvrîmes la partie de l'ouest de Candie à quatre heures. Je vis le mont Ida de vingt lieues; je le dessinai à quinze.

Je n'en voyois que le sommet et la base, le reste de l'isle se perdant dans la brume; mais je craignois qu'elle ne m'échappât dans la nuit, et de n'avoir pas pris le contour de la montagne où naquit Jupiter, et qui fut la patrie de presque tous les dieux (*voyez planche* II, *figure* 9).

J'aurois eu le plus grand desir de voir le royaume de Minos, de chercher quelques vestiges du labyrinthe; mais ce que j'avois prévu arriva, l'excellent vent que nous avions nous tint éloignés de l'isle.

Le 8, à cinq heures, je trouvai que nous avions cheminé dans la direction de la côte de l'est sans nous en approcher; le vent avoit été si fort pendant la nuit que tout le convoi étoit dispersé : nous passâmes toute la matinée à le rassembler, et à diminuer de voiles pour l'attendre. C'étoit pendant cette manœuvre que, par une brume épaisse, le hasard nous déroboit à la flotte anglaise, qui, à six lieues de distance, gouvernant à l'ouest, alloit nous cherchant à la côte du nord.

Le soir du 9, on nous signala de passer

à poupe de l'*Orient*. Il seroit aussi difficile de donner que de prendre une idée exacte du sentiment que nous éprouvâmes à l'approche de ce sanctuaire du pouvoir, dictant ses décrets, au milieu de trois cents voiles, dans le mystere et le silence de la nuit : la lune n'éclairoit ce tableau qu'autant qu'il falloit pour en faire jouir. Nous étions cinq cents sur le pont, on auroit entendu voler une mouche ; la respiration même étoit suspendue. On ordonna à notre capitaine de se rendre à bord du commandant. Quelle fut ma joie à son retour, lorsqu'il nous dit que nous étions dépêchés en avant pour aller chercher notre consul à Alexandrie, et savoir si on étoit instruit de notre marche, et quelles étoient les dispositions de cette ville à notre égard ; qu'il nous étoit réservé d'aborder les premiers en Afrique pour y recueillir nos compatriotes, et les mettre à l'abri du premier mouvement des habitants à l'approche de la flotte. Dès cet instant nous déployâmes toutes les voiles pour faire le plus vîte qu'il nous seroit possible les soixante lieues qui nous restoient à parcourir; mais le vent nous manqua toute la nuit du 9 au 10 : nous eûmes quelques heures de brise, et le reste du temps nous ne fîmes de chemin que par le mouvement donné à la mer, et les courants qui portoient sur le point que nous devions atteindre.

Notre mission, après avoir prévenu les Francs de se tenir sur leurs gardes, étoit de venir retrouver l'armée, qui devoit croiser, et nous attendre à six lieues du cap Brûlé (*voyez la carte, page* 6). A midi, nous étions à trente lieues d'Alexandrie; à quatre heures, les gabiers crierent *terre;* à six nous la vîmes du pont : nous eûmes toute la nuit la brise; à la pointe du jour je vis la côte à l'ouest, qui s'étendoit comme un ruban blanc sur l'horizon bleuâtre de la mer. Pas un arbre, pas une habitation; ce n'étoit pas seulement la nature attristée, mais la destruction de la nature, mais le silence et la mort. La gaieté de nos soldats n'en fut pas altérée; un d'eux dit à son camarade en lui montrant le désert : Tiens, regarde, voilà les six arpents qu'on t'a décrétés. Le rire général que fit éclater cette plaisanterie peut servir de preuve que le courage est désintéressé, ou du moins qu'il a sa source dans de plus nobles sentiments.

Ces parages sont périlleux dans les temps d'orage et dans les brumes de l'hiver, parcequ'alors la côte basse disparoît, et qu'on ne l'apperçoit que lorsqu'il n'est plus temps de l'éviter. Mais le bonheur qui nous accompagnoit nous laissa maîtres de manœuvrer sur le cap Durazzo, que nous cherchions en tirant à l'est quart-de-sud.

A dix lieues du cap, à cinq d'Alexandrie, nous vîmes une ruine que l'on appelle la Tour-des-Arabes; à midi j'en fis un dessin (*voyez pl.* VI, *n°* 1.). Cette ruine me parut un carré bastionné, et à quelque distance il y a une tour. J'aurois bien desiré pouvoir mieux en distinguer les détails, juger si c'est une fabrique arabe, ou si sa construction est antique, et à quelle antiquité elle appartient; si c'est la Taposiris des anciens, que Procope nous donne comme le tombeau d'Osiris, ou le Chersonesus de Strabon, ou bien Plinthine, dont le golfe tiroit son nom. La garnison d'Alexandrie a poussé depuis des reconnoissances jusqu'à ce poste ; mais les rapports purement militaires de ces reconnoissances n'ont pu porter aucune lumiere sur l'origine de ces ruines, et n'ont fait qu'augmenter la curiosité qu'inspirent leur masse et leur étendue. En général toute cette côte de l'ouest contenant la petite et la grande Syrte de la Cyrénaïque, autrefois très habitée, qui a eu des républiques, des gouvernements particuliers, est à présent une des contrées les plus oubliées de l'univers, et n'est plus rappelée à notre mémoire que par les superbes médailles qui nous en restent.

De droite et de gauche notre terre promise nous parut plus aride encore que celle des Juifs. Il est vrai que jusqu'alors elle ne nous avoit pas coûté si cher ; que, s'il ne nous avoit pas plu des cailles toutes rôties, notre manne ne s'étoit pas corrompue, que nous n'avions pas eu de coliques ardentes, et que nous avions encore conservé tout ce qui étoit tombé aux Israélites ; mais au reste les Arabes Bédouins, qui errent sur ces côtes, auroient pu équivaloir à ces fléaux, et nous devenir aussi funestes. On assure cependant que depuis vingt ans ils ont fait un accord avec la factorerie d'Alexandrie, vingt piastres par tête, au lieu de les tuer, comme ils faisoient plus anciennement.

Le lieutenant, que l'on dépêcha à terre, partit à une heure après midi ; il n'avoit pas le pied dans le canot que nous attendions son retour, et comptions les instants.

Je fis, de trois lieues de distance, une vue d'Alexandrie (*voyez n° 3*).

Nous voyions avec la lunette le drapeau tricolor sur la maison de notre consul : je me figurois la surprise qu'il alloit éprouver, et celle que nous ménagions au schérif d'Alexandrie pour le lendemain.

Quand les ombres du soir dessinerent les contours de la ville, que je pus distinguer ces deux ports, ces grandes murailles flanquées de nombreuses tours, qui n'enferment plus que des mornes de sables, et quelques jardins où le verd pâle des palmiers tempere à peine l'ardente blancheur du sol, ce château turc, ces mosquées, leurs minarets, cette célebre colonne de Pompée, mon imagination se reporta sur le passé ; je vis l'art triompher de la nature, le génie d'Alexandre employer la main active du commerce pour planter sur une côte aride les fondements d'une ville superbe, et la choisir pour y déposer les trophées des conquêtes du monde ; les Ptolomées y appeler les sciences et les arts, et y rassembler cette bibliotheque à la destruction de laquelle la barbarie a employé des années : c'est là, me disois-je, pensant à Cléopâtre, à César, à Antoine, que l'empire de la gloire a cédé à l'empire de la volupté : je voyois ensuite l'ignorance farouche s'établir sur les ruines des chefs-d'œuvre des arts, achevant de les consumer, et n'ayant cependant pu défigurer encore les beaux développements qui tenoient aux grands principes de leurs premiers plans. Je fus tiré de cette préoccupation, de ce bonheur de rêver devant de grands objets, par un coup de canon tiré de notre bord, pour appeler à l'ordre un bâtiment qui avoit mis tout au vent pour entrer malgré nous à Alexandrie, et y porter sans doute l'avis de notre marche : la nuit le déroba bientôt à nos recherches. Notre inquiétude sur le canot augmentoit à chaque moment, et se changeoit en terreur. A minuit, nous entendîmes appeler avec des voix effrayées, et bientôt nous vîmes entrer notre consul et son drogman, échappant au sabre vengeur et à l'effroi répandu dans le pays. Ils nous apprirent qu'une flotte de quatorze vaisseaux de guerre anglais n'avoit quitté que la veille au soir le mouillage d'Alexandrie, que les Anglais avoient déclaré qu'ils nous cherchoient pour nous combattre ; ils avoient été pris pour des Français ; et tout le pays, déja averti de nos projets et instruit de la prise de Malte, s'étoit aussitôt soulevé : on avoit fortifié les châteaux, ajouté des milices aux troupes réglées, et rassemblé une armée de Bédouins (ce sont les Arabes errants, que les habitants poursuivent, mais avec lesquels ils s'allient lorsqu'ils ont à combattre un ennemi commun).

La présence des Anglais avoit noirci notre horizon. Quand je me rappelai que trois jours auparavant nous regrettions que le calme nous retînt, et que sans lui nous serions tombés dans la flotte ennemie, à laquelle nous aurions découvert la nôtre, je me vouai dès-lors au fatalisme, et me recommandai à l'étoile de Bonaparte.

Le schérif n'avoit consenti au départ du consul qu'en le faisant accompagner par des mariniers d'Alexandrie, qui devoient l'y ramener : ils parloient la langue franque, et entendoient l'italien ; je causai avec eux ; ils ajouterent à ce que le consul avoit dit, que les Anglais avoient fait route à l'est pour aller nous chercher à Chipre, où ils croyoient que nous étions restés.

Nous marchions à la rencontre de notre flotte : la premiere pointe du jour nous fit découvrir la premiere division du convoi ; à sept heures nous arrivâmes à bord de l'*Orient*.

J'avois été chargé d'accompagner le

consul d'Alexandrie ; nous avions à dire au général ce qui pouvoit le plus vivement l'intéresser dans une circonstance aussi critique : on avoit vu les Anglais, ils pouvoient arriver à chaque instant ; le vent étoit très fort, le convoi mêlé à la flotte, et dans une confusion qui eût assuré la défaite la plus désastreuse, si l'ennemi eût paru. Je ne pus pas remarquer un mouvement d'altération sur la physionomie du général. Il me fit répéter le rapport qu'on venoit de lui faire ; et après quelques minutes de silence, il ordonna le débarquement.

Les dispositions furent d'approcher le convoi de terre autant que le pouvoit permettre le danger de faire côte dans un moment où le vent étoit aussi fort ; les vaisseaux de guerre formoient un cercle de défense en dehors ; toutes les voiles furent amenées, et les ancres jetées. A peine avions-nous fait cette opération que nous eûmes ordre d'aller croiser devant la ville aussi près que le vent pourroit nous le permettre, et de faire de fausses attaques, pour faire diversion.

Le vent avoit encore augmenté ; la mer étoit si forte que nous travaillâmes en vain tout le reste du jour pour lever l'ancre. La nuit fut trop orageuse pour faire cette opération sans risquer de nous abattre, et couler bas les embarcations et les transports, qui effectuoient le débarquement avec une peine et des dangers inouis : les chaloupes prenoient un à un et à la volée ceux qui descendoient des vaisseaux ; lorsqu'elles en étoient encombrées, les vagues menaçoient à chaque instant de les engloutir, ou bien, poussées par le vent, elles se rencontroient ou en abordoient d'autres ; et, après avoir échappé à tous ces dangers, en arrivant près de la côte elles ne savoient comment y toucher sans se rompre contre les brisants. Au milieu de la nuit une embarcation qui ne pouvoit plus gouverner passa à notre poupe, et nous demanda du secours : le danger où je sentois ceux dont elle étoit chargée me causa une émotion d'autant plus vive que je croyois reconnoître la voix de chacun de ceux qui crioient. Nous jetâmes un cable à ces malheureux ; mais à peine l'eurent-ils atteint qu'il fallut le couper; les vagues faisant heurter l'embarcation contre notre bâtiment menaçoient de l'ouvrir. Les cris qu'ils jeterent au moment où ils se sentirent abandonnés retentirent jusqu'au fond de nos ames; le silence qui y succéda y apporta encore de plus funestes pensées. L'effroi étoit redoublé par les ténebres, et les opérations étoient aussi lentes qu'elles étoient désastreuses. Cependant le 13, à six heures du matin, il y eut assez de troupes à terre pour attaquer et prendre un petit fort appelé le Marabou. Là fut planté le premier pavillon tricolor en Afrique (*voyez pl.* VII, *n*° 3).

Le 14, la mer étoit meilleure: nous appareillâmes tandis que la plage se couvroit de nos soldats. A midi, ils étoient déja sous les murs d'Alexandrie: le centre à la colonne de Pompée, derriere de petits mornes formés des débris de l'ancienne ville. Ces vieilles murailles n'offrirent à la valeur de nos soldats qu'une suite de breches: une colonne s'ébranla, toutes les autres se déployerent, marcherent, et attaquerent en même temps : en approchant de mauvais fossés, elles découvrirent plus de murailles qu'on n'en avoit vu d'abord : un feu d'une vivacité extraordinaire de la part des assiégés étonna un moment nos troupes, mais ne ralentit point leur impétuosité : on chercha sous le feu de l'ennemi l'approche la plus praticable; on la trouva à l'angle de l'ouest, où étoit l'antique port de Kibotos ; on monta à l'assaut : Kleber, Menou, Lescale, furent renversés par des coups de feu, et par la chûte des pans de murailles : Koraïm, schérif d'Alexandrie, qui combattoit par-tout, prit Menou renversé pour le général en chef blessé à mort, ce qui soutint encore un moment le courage des assiégés. Personne ne fuyoit, il fallut tout tuer sur la breche, et deux cents des nôtres y resterent.

Notre frégate eut ordre de protéger l'entrée du convoi dans le vieux port; et je saisis cette occasion pour aller à terre. Un ancien préjugé avoit établi que, dès qu'un vaisseau franc entreroit dans le port vieux, l'empire d'Alexandrie seroit perdu pour les musulmans; pour le moment, notre canot vérifia la prophétie.

Il me seroit impossible de rendre ce que j'éprouvai en abordant à Alexandrie : il n'y avoit personne pour nous recevoir ou nous empêcher de descendre ; à peine pouvions-nous déterminer quelques mendiants, accroupis sur leurs talons, à nous indiquer le quartier-général : les maisons étoient fermées ; tout ce qui n'avoit osé combattre avoit fui, et tout ce qui n'avoit pas été tué se cachoit de crainte de l'être selon l'usage oriental. Tout étoit nouveau pour nos sensations, le sol, la forme des édifices, les figures, le costume, et le langage des habitants. Le premier tableau qui se présenta à nos regards fut un vaste cimetiere, couvert d'innombrables tombeaux de marbre blanc sur un sol blanc : quelques femmes maigres, et couvertes de longs habits déchirés, ressembloient à des larves qui erroient parmi ces monuments; le silence n'étoit interrompu que par le sifflement des milans qui planoient sur ce sanctuaire de la mort. Nous passâmes de là dans des rues étroites et aussi désertes. En traversant Alexandrie je me rappelai et je crus lire la description qu'en a faite Volney ; forme, couleur, sensation, tout y est peint à un tel degré de vérité, que, quelques mois après, relisant ces belles pages de son livre, je crus que je rentrois de nouveau à Alexandrie. Si Volney eût décrit ainsi toute l'Égypte, personne n'auroit jamais pensé qu'il fût nécessaire d'en tracer d'autres tableaux, d'en faire de dessin.

Dans toute la traversée de cette longue ville si mélancolique, l'Europe et sa gaieté ne me fut rappelée que par le bruit et l'activité des moineaux. Je ne reconnus plus le chien, cet ami de l'homme, ce compagnon fidèle et généreux, ce courtisan gai et loyal ; ici sombre, égoïste, étranger à l'hôte dont il habite le toit, isolé sans cesser d'être esclave, il méconnoît celui dont il défend encore l'asyle, et sans horreur il en dévore la dépouille. L'anecdote suivante achevera de développer son caractere.

Le jour où je descendis à terre, n'ayant

point apporté de linge pour changer, je voulois aller sur la frégate la *Junon*, que je croyois placée à l'entrée du port; je prends une petite barque turque, et nous voguons vers ce point. Arrivés à la frégate nous vîmes que ce n'étoit pas la *Junon*; on nous en montra une autre en rade à une demi-lieue de là. Le soleil se couchoit, les deux tiers du chemin étoient faits: je pouvois coucher à bord: nous voilà de nouveau en route. Ce n'étoit point encore la *Junon*: elle croisoit au large. Il nous fallut donc revenir; mais le vent avoit fraîchi; les vagues étoient devenues si hautes que nous ne voyions plus qu'à la dérobée la terre qu'il nous falloit regagner. Mon homme me mit au timon pour ne s'occuper que de la voile.

Je n'appercevois qu'à peine la direction qu'il me falloit garder; et je commençai alors à sentir que c'étoit un véritable abandon de soi-même de se trouver à cette heure livré aux vents, au milieu d'une mer agitée, seul avec un homme qui, comme tous ses concitoyens, pouvoit bien, sans injustice, haïr les Français, et vouloir s'en venger. J'affectai de la confiance, de la gaieté même, je fis bonne contenance; et enfin nous touchâmes au rivage, objet de tous mes vœux. Mais il étoit onze heures, j'étois encore à une demi-lieue du quartier; j'avois à traverser une ville prise d'assaut le matin, et dont je ne connoissois pas une rue. Aucune offre de récompense ne put persuader mon homme de quitter son bateau pour m'accompagner. J'entrepris seul le voyage, et, bravant les mânes des morts, je traversai le cimetiere; c'étoit le chemin que je savois le mieux : arrivé aux premieres habitations des vivants, je fus assailli de meutes de chiens farouches, qui m'attaquoient des portes, des rues, et des toits; leurs cris se répercutoient de maison en maison, de famille en famille : cependant je pus m'appercevoir que la guerre qui m'étoit déclarée étoit *sans coalition*, car dès que j'avois dépassé la propriété de ceux dont j'étois assailli, ils étoient repoussés par ceux qui étoient venus me recevoir à la frontiere. Ignorant l'abjection dans laquelle ils vivoient, je n'osois les frapper dans la crainte de les faire crier, et d'ameuter aussi les maîtres contre moi. L'obscurité n'étoit diminuée que par la lueur des étoiles, et la transparence que la nuit conserve toujours dans ces climats. Pour ne pas perdre cet avantage, pour échapper aux clameurs des chiens, et suivre une route qui ne pouvoit m'égarer, je quittai les rues, et résolus de longer le rivage; mais des murailles et des chantiers qui arrivoient jusqu'à la mer me barroient le passage; enfin passant dans la mer pour éviter les chiens, escaladant les murs pour éviter la mer lorsqu'elle devenoit trop profonde, mouillé, couvert de sueur, accablé de fatigue et d'épouvante, j'atteignis à minuit une de nos sentinelles, bien convaincu que les chiens étoient la sixieme et la plus terrible des plaies d'Égypte.

En arrivant le matin au quartier-général, je trouvai Bonaparte entouré des grands de la ville et des membres de l'ancien gouvernement; il en recevoit le serment de fidélité: il dit au schérif Koraim: Je vous ai pris les armes à la main, je pourrois vous traiter en prisonnier; mais vous avez montré du courage; et, comme je le crois inséparable de l'honneur, je vous rends vos armes, et pense que vous serez aussi fidele à la république que vous l'avez été à un mauvais gouvernement. Je remarquai dans la physionomie de cet homme spirituel une dissimulation ébranlée et non vaincue par la généreuse loyauté du général en chef: il ne connoissoit pas encore nos moyens, et ne savoit pas assez si tout ce qui s'étoit passé n'étoit pas un coup de main; mais quand il vit 30 mille hommes et des trains d'artillerie à terre, il s'attacha à capter Bonaparte, il ne quitta plus le quartier-général, Bonaparte étoit couché qu'il étoit encore dans son anti-chambre; chose bien remarquable dans un musulman (*voyez son portrait, pl.* CV, *n*° 1).

Le premier dessin que je fis fut le port neuf, depuis le petit Pharion jusqu'au quartier des Francs, qui étoit, au temps de Cléopâtre, le quartier délicieux où son palais étoit bâti, et où étoit le théâtre (*voyez pl.* VIII, *n*° 3).

Le 16, au matin, j'accompagnai le général dans une reconnoissance : il visita tous les forts, c'est-à-dire des ruines, de mauvaises constructions, où de mauvais canons gisoient sur quelques pierres qui leur servoient d'affût. Les ordres du général furent d'abattre tout ce qui étoit inutile, de ne racommoder que ce qui pouvoit servir à empêcher l'approche des Bédouins ; il porta toute son attention sur les batteries qui devoient défendre les ports.

Nous passâmes près de la colonne de Pompée. Il en est de ce monument comme de presque toutes les réputations, qui perdent toujours dès qu'on s'approche de ce qui en est l'objet. Elle a été nommée colonne de Pompée dans le quinzieme siecle, où les connoissances commençoient à se réveiller de leur assoupissement : les savants, plutôt que les observateurs, se hâterent à cette époque d'assigner un nom à tous les monuments ; et ces noms passerent sans contradiction de siecle en siecle ; la tradition les consacra. On avoit élevé à Alexandrie un monument à Pompée; il ne se trouvoit plus, on crut le retrouver dans cette colonne. On en a fait depuis un trophée à Septime Sévere; cependant elle est élevée sur des décombres de l'ancienne ville, et au temps de Septime Sévere la ville des Ptolomées n'étoit point encore en ruine. Pour faire à cette colonne une fondation solide on a piloté un obélisque, sur le culot duquel on a posé un vilain piédestal, qui porte un beau fût, surmonté d'un chapiteau corinthien lourdement ébauché (*voyez pl.* IX, n° 1).

Si le fût de cette colonne en le séparant du piédestal et du chapiteau a fait partie d'un édifice antique, il en atteste la magnificence et la pureté de l'exécution; il faut donc dire que c'est une belle colonne, et non un beau monument; qu'une colonne n'est point un monument; que la colonne de Sainte-Marie-Majeure, bien qu'elle soit une des plus belles qui existent, n'a point le caractere d'un monument, que ce n'est qu'un fragment; et que si les colonnes trajane et antonine sortent de cette catégorie, c'est qu'elles deviennent des cylindres colossals, sur lesquels est fastueusement déroulée l'histoire des expéditions glorieuses de ces deux empereurs, et que, réduites à leurs simples traits et à leur seule dimension, elles ne seroient plus que de lourds et tristes monuments.

Les fondations de la colonne de Pompée étant venues à se déchausser, on a cru ajouter à leur solidité en adaptant à la premiere fondation deux fragments d'obélisque en marbre blanc, le seul monument de cette matiere que j'aie vu en Égypte.

Des fouilles faites aux environs de la colonne donneroient sans doute des lumieres sur son origine; le mouvement du terrain et les formes qu'il laisse voir encore attestent d'avance que les recherches ne seroient pas vaines : elles découvriroient peut-être la substruction et l'*atrium* du portique auquel a appartenu cette colonne, qui a été l'objet de dissertations faites par des savants qui n'en ont vu que des dessins, ou n'en ont eu que des descriptions de voyageurs ; et ces voyageurs ne leur ont pas dit qu'on trouvoit près de là des fragments de colonne de même matière et de même diamètre; que le mouvement du sol indique la ruine et l'enfouissement de grands édifices, dont les formes se distinguent à la surface, tels qu'un carré d'une grande proportion, et un grand cirque, dont on pourroit, quoiqu'il soit recouvert de sable et de débris, mesurer encore les principales dimensions.

Après avoir observé que la colonne dite *de Pompée* est d'un style et d'une exécution très purs, que le piédestal et le chapiteau ne sont pas de même granit que le fût, que le travail en est lourd et ne semble être qu'une ébauche, que la fondation, faite de débris, annonce une construction moderne; on peut conclure que ce monument n'est point antique, et que son érection peut appartenir également au temps des empereurs grecs, ou à celui des califes, puisque, si le piédestal et le chapiteau sont assez bien travaillés pour appartenir à la première de ces époques, ils n'ont pas assez de perfection pour que l'art dans la seconde n'ait pu atteindre jusque-là.

Des fouilles dans cet endroit pourroient aussi déterminer l'enceinte de la ville au temps des Ptolomées, lorsque son commerce et sa splendeur changerent son premier plan et la rendirent immense : celle des califes, qui existe encore, en fut une réduction, quoiqu'elle enferme aujourd'hui des campagnes et des déserts : cette circonvallation fut construite de débris, car leurs édifices rappellent toujours la destruction et le ravage ; les chambranles et les sommiers des portes qu'ils ont faites à leurs enceintes et à leurs forteresses, ne sont que des colonnes de granit, qu'ils n'ont pas même pris la peine de façonner à l'usage qu'ils leur ont donné ; elles paroissent n'être restées là que pour attester la magnificence et la grandeur des édifices dont elles sont les débris ; d'autres fois ils ont fait entrer cette immensité de colonnes dans la construction de leurs murailles, pour en redresser et niveler l'assise ; et comme elles ont résisté au temps, elles ressemblent maintenant à des batteries. Au reste ces constructions arabes et turques, ouvrages des besoins de la guerre, offrent une confusion d'époques et de différentes industries dont on ne voit peut-être nulle part ailleurs d'exemples plus frappants et plus rapprochés. Les Turcs sur-tout, ajoutant l'ineptie à la profanation, ont mêlé au granit non seulement la brique et la pierre calcaire, mais des madriers, et jusqu'à des planches, et de tous ces éléments, si peu analogues et si étrangement amalgamés, ont présenté l'assemblage monstrueux de la splendeur de l'industrie humaine, et de sa dégradation.

En revenant de la colonne vers la ville moderne, nous traversâmes celle des Arabes ou celle qui étoit enceinte par leurs murs; car ce n'est maintenant qu'un désert parsemé de quelques enclos, qui sont des jardins dans les mois de l'inondation, et qui dans les autres temps conservent plus ou moins d'arbres et de légumes en proportion de la grandeur de la citerne qu'ils renferment: cette citerne est le principe de leur existence; si elle tarit, les jardins redeviennent des décombres et du sable.

A la porte de chacun de ces jardins il y a des monuments d'une piété touchante : ce sont des réservoirs d'eau que la pompe remplit toutes les fois qu'on la met en mouvement, et qui offrent au voyageur qui passe de quoi satisfaire le premier besoin dans ce climat brûlant, la soif.

On rencontre à chaque pas des regards de ces citernes qui se communiquent, et dont les soupiraux sont couronnés de la base ou du chapiteau d'une colonne antique creusée, et servant de margelle.

Il suffit, pour la fabrication d'une nouvelle citerne, de creuser et de revêtir des réservoirs à plusieurs étages, de faire ensuite une saignée, et de la prolonger jusqu'à ce qu'elle rencontre une autre excavation ; dès-lors elle reçoit le bénéfice commun du débordement, qui remplit, par l'effet du niveau que cherchent les eaux, tout le vide qui lui est présenté. La grande piscine ou conserve d'eau d'Alexandrie est une des grandes antiquités du temps moyen de l'Égypte, et un des plus beaux monuments de ce genre, soit par sa grandeur, soit par l'intelligence de sa construction : quoiqu'une partie soit dégradée et que l'autre ait besoin de réparation, elle contient encore assez d'eau pour suffire à la consommation des hommes et des animaux pendant deux années. Nous arrivâmes le mois avant celui où elle alloit être renouvelée, et nous la trouvâmes très fraîche et très bonne.

Nous fûmes attirés par une ruine rougeâtre, que les catholiques appellent la maison de Sainte-Catherine la savante, celle qui épousa le petit Jésus quatre cents ans après sa mort : la construction en est romaine; les canaux, enduits de stalactites, annoncent que ce devoit être des thermes.

Nous vînmes ensuite à l'obélisque dit de Cléopâtre ; un autre, renversé à côté, indique qu'ils décoroient tous deux une des entrées du palais des Ptolomées, dont on voit encore des ruines à quelques pas de là. L'inspection de l'état actuel de ces obélisques et les cassures, qui existoient lors même qu'ils ont été dressés dans cet endroit, prouvent qu'ils étoient déja fragments à cette époque, et apportés de Memphis ou de la haute Égypte. Ils pourroient facilement être embarqués, et devenir en France un trophée de la conquête, trophée très caractéristique, parcequ'ils sont à eux seuls un monument, et que les hiéroglyphes dont ils sont couverts doivent les rendre préférables à la colonne de Pompée, qui n'est qu'une colonne un peu plus grande que celles qu'on trouve par-tout. On a depuis fouillé la base de cet obélisque, et l'on a trouvé qu'il posoit sur une dale : les piédestaux, qu'on a toujours ajoutés en Europe à cette espece de monument, sont un ornement qui en change le caractere. Le trait que j'en ai donné, *planche* IX, n° 3, fait connoître l'état de cet obélisque depuis la fouille.

Je fis un dessin pittoresque de ces deux obélisques, ainsi que des paysages et monuments qui les avoisinent (*voyez pl.* IX, n° 2) : en observant le monument sarrasin qui est auprès, je trouvai que le soubassement appartenoit à un édifice grec ou romain ; on y distingue encore des chapiteaux de colonnes engagées, d'ordre dorique, dont les fûts vont se perdre au-dessous du niveau de la mer. Strabon a dit que les bases du palais de Ptolomée étoient battues par les vagues : ces débris pourroient tout à la fois attester la vérité du rapport de Strabon et donner le gisement de ce palais.

En revenant au fond du port par le bord de la mer, on trouve des débris de fabriques de tous les temps, également maltraités par la vague et par les siecles. On y distingue des restes de bains, dont il existe encore plusieurs chambres, fabriquées postérieurement dans des murailles plus anciennes. Ces fabriques me parurent arabes; et pour les conserver on a fait une espece de pilotis en colonnes, qui ressemblent maintenant à des batteries rasantes ; leur nombre immense prouve combien étoient magnifiques les palais qu'elles ont décorés. Lorsqu'on a dépassé le fond du port, on trouve de grandes fabriques sarrasines, qui ont quelques détails de magnificence et d'un mélange de goût qui embarrasse l'observateur : des frises, ornées de triglyphes doriques, surmontées de voûtes à ogives, doivent faire croire que ces fabriques ont été construites de fragments antiques que les Sarrasins ont mêlés au goût de leur architecture. Les portes de ces édifices peuvent donner la mesure de l'indestructibilité du bois de sycomore, qui est resté dans son entier, tandis que le fer dont elles étoient revêtues a cédé au temps et a disparu entièrement. Derriere cette espece de forteresse sont des thermes arabes, décorés de toutes sortes de détails de magnificence : nos soldats, qui les avoient trouvés tout chauffés, s'y étoient établis pour faire leur lessive, et en avoient suspendu l'usage. Je renvoie donc à un autre moment la description des bains de cette espece ; et à celle qu'en a faite Savary, l'idée de volupté qu'on en doit prendre.

Auprès de ces bains est une des principales mosquées, autrefois une primitive église sous le nom de S.-Athanase.

Cet édifice, aussi délabré que magnifique, peut donner une idée de l'incurie des Turcs pour les objets dont ils sont le plus jaloux. Avant notre arrivée, ils n'en laissoient pas approcher un chrétien, et préféroient y avoir une garde plutôt que d'en raccommoder les portes : dans l'état où nous les avons trouvées elles ne pouvoient ni fermer ni rouler sur leurs gonds.

Au milieu de la cour de cette mosquée un petit temple octogone renferme une cuve de breche égyptienne d'une beauté incomparable, soit par sa nature, soit par les innombrables figures hiéroglyphiques dont elle est couverte en-dedans comme en-dehors; ce monument, qui est sans doute un sarcophage de l'antique Égypte, sera peut-être illustré par des volumes de dissertations. Il eût fallu un mois pour en dessiner les détails; je n'eus que le temps d'en prendre la forme générale, dont on peut voir le trait (*pl.* IX, *n*° 3); et je dois ajouter qu'il peut être regardé comme un des morceaux les plus précieux de l'antiquité, et une des premieres dépouilles de l'Égypte, dont il seroit à desirer que nous pussions enrichir un de nos musées. Mon enthousiasme fut partagé par Dolomieux lorsque nous découvrîmes ensemble ce précieux monument.

Ce fut des galeries du minaret de cette mosquée que je fis le dessin (n° 4, *pl.* X), où l'on voit à vol d'oiseau tout le développement du port neuf. Tout près de la mosquée sont trois colonnes debout (*voyez pl.* II, n° 3), dont aucun voyageur n'a parlé. Il seroit intéressant de fouiller à leur base : au fini du travail de ces colonnes on peut juger qu'elles ont fait partie de quelques monuments antiques ; mais leur espacement exagéré doit faire penser qu'elles ne sont pas placées à leur destination primitive : quoi qu'il en soit, elles sont les restes d'un grand et magnifique édifice.

Nous allâmes de là jusqu'à la porte de Rosette, qui est fortifiée, et où s'étoient défendus les Turcs lors de notre arrivée. Un groupe de maisons y forme une espece de bourg, qui laisse un espace vide d'une demi-lieue entre cette partie de la ville et celle qui avoisine les ports. Toutes les horreurs de la guerre existoient encore dans ce quartier. J'y fis une rencontre qui m'offrit le plus frappant de tous les contrastes : une jeune femme, blanche et d'un coloris de roses, au milieu des morts et des débris, étoit assise sur un catalecte encore tout sanglant ; c'étoit l'image de l'ange de la résurrection : lorsqu'attiré par un sentiment de compassion je lui témoignai ma surprise de la trouver si isolée, elle me répondit avec une douce ingénuité qu'elle attendoit son mari pour aller coucher dans le désert : ce n'étoit encore qu'un mot pour elle, elle y alloit coucher comme à un autre gîte. On peut juger par-là du sort qui attendoit les femmes auxquelles l'amour avoit donné le courage de suivre leurs maris dans cette expédition.

La plupart des divisions, en descendant du navire, n'avoient fait que traverser Alexandrie pour aller camper dans le désert. Il fallut s'occuper aussi d'abandonner Alexandrie, ce point si important dans l'histoire, où les monuments de toutes les époques, où les débris des arts de tant de nations sont entassés pêle-mêle, et où les ravages des guerres, des siecles, et d'un climat humide et salin, ont apporté plus de changement et de destruction qu'en aucune autre partie de l'Égypte.

Bonaparte, qui s'étoit emparé d'Alexandrie avec la même rapidité que S. Louis avoit pris Damiette, n'y commit pas la même faute : sans donner le temps à l'ennemi de se reconnoître, et à ses troupes celui de voir la pénurie d'Alexandrie et son âpre territoire, il fit mettre en marche les divisions à mesure qu'elles débarquoient, et sans leur laisser le temps de prendre des renseignements sur les lieux qu'elles alloient occuper. Un officier, entre autres, disoit à sa troupe au moment du départ: Mes amis, vous allez coucher à Béda ; vous entendez, à Béda ; cela n'est pas plus difficile que cela : marchons, mes amis, et les soldats marcherent. Il est sans doute difficile de citer un trait plus frappant de naïveté d'une part et de confiance de l'autre : c'est avec ce courage insouciant qu'on entreprend ce que d'autres n'osent projeter, et qu'on exécute ce qui paroît inconcevable. Plus curieux qu'étonnés ils arrivent à Béda, qu'ils devoient croire un village bâti, peuplé comme les nôtres; ils n'y trouvent qu'un puits comblé de pierres, au travers desquelles distilloit un peu d'eau saumâtre et bourbeuse; puisée avec des gobelets, elle leur fut distribuée, comme de l'eau-de-vie, à petite ration. Voilà la premiere étape de nos troupes dans une autre partie du monde, séparés de leur patrie par des mers couvertes d'ennemis, et par des déserts mille fois plus redoutables encore; et cependant cette étrange position ne flétrit ni leur courage ni leur gaieté.

Si l'on veut avoir la mesure du despotisme domestique des orientaux, si l'on ne craint pas de frémir de l'atrocité de la jalousie, quand elle a pour appui un préjugé reçu, et quand la religion absout de ses emportements, qu'on lise l'anecdote suivante.

Le second jour de marche de nos troupes au départ d'Alexandrie, quelques soldats rencontrerent, près de Béda, dans le désert, une jeune femme le visage ensanglanté; elle tenoit d'une main un enfant en bas âge, et l'autre main égarée alloit à la rencontre de l'objet qui pouvoit la frapper ou la guider. Leur curiosité est excitée; ils appellent leur guide, qui leur servoit en même temps d'interprete; ils approchent, ils entendent les soupirs d'un être à qui on a arraché l'organe des larmes; une jeune femme, un enfant, au milieu d'un désert! Étonnés, curieux, ils questionnent : ils apprennent que le spectacle affreux qu'ils ont sous les yeux est la suite et l'effet d'une fureur jalouse: ce ne sont pas des murmures que la victime ose exprimer, mais des prieres pour l'innocent qui partage son malheur, et qui va périr de misere et de faim. Nos soldats, émus de pitié, lui donnent aussitôt une part de leur ration, oubliant leur besoin près d'un besoin plus pressant; ils se privent d'une eau rare dont ils vont manquer tout-à-fait, lorsqu'ils voient arriver un furieux, qui de loin repaissant ses regards du spectacle de sa vengeance, suivoit de l'œil ces victimes ; il accourt arracher des mains de cette femme ce pain, cette eau, cette derniere source de vie que la compassion vient d'accorder au malheur : Arrêtez ! s'écrie-t-il ; elle a manqué à son honneur, elle a flétri le mien ; cet enfant est mon opprobre, il est le fils du crime. Nos soldats veulent s'opposer à ce qu'il la prive du secours qu'ils viennent de lui donner ; sa jalousie s'irrite de ce que l'objet de sa fureur devient encore celui de l'attendrissement ; il tire un poignard, frappe la femme d'un coup mortel, saisit l'enfant, l'enleve, et l'écrase sur le sol, puis, stupidement farouche, il reste immobile, regarde fixement ceux qui l'environnent, et brave leur vengeance.

Je me suis informé s'il y avoit des lois répressives contre un abus d'autorité aussi atroce ; on m'a dit qu'il avoit *mal fait* de la poignarder, parceque, si Dieu n'avoit pas voulu qu'elle mourût, au bout de quarante jours on auroit pu recevoir la malheureuse dans une maison, et la nourrir par charité.

La division Kléber, commandée par Dugua, avoit pris la route de Rosette pour protéger la flottille qui étoit entrée dans le Nil. L'armée acheva de se mettre en marche, les 17 et 18 messidor, par Birket et Demenhour : les Arabes en attaquent les avant-postes, en harcellent le reste; la mort devient la peine du traîneur. Desaix est au moment d'être pris, pour être resté cinquante pas derriere la colonne; Le Mireur, officier distingué, et qui, par l'effet d'une distraction mélancolique, n'avoit pas répondu à l'invitation qu'on lui avoit faite de se rapprocher, est assassiné à cent pas des avant-postes; l'adjudant-général Galois est tué en portant un ordre du général en chef; l'adjudant Delanau est fait prisonnier à quelques pas de l'armée en traversant un ravin : on met un prix à sa rançon; les Arabes s'en disputent le partage, et, pour terminer le différent, brûlent la cervelle à cet intéressant jeune homme.

Les Mamelouks étoient venus au-devant de l'armée française : la premiere fois qu'elle les vit, ce fut près de Demenhour; ils ne firent que la reconnoître, et cette apparition, ainsi que le combat insignifiant de Chebreis, donna leur mesure à nos soldats, et leur ôta cette émotion incertaine qui tient de la terreur, et que donne toujours un ennemi inconnu. De leur côté, n'ayant vu dans notre armée que de l'infanterie, sorte d'arme pour laquelle ils avoient un souverain mépris, ils emporterent la certitude d'une victoire aisée, et ne tourmenterent plus notre marche, déja assez pénible par sa longueur, par l'ardeur du climat, et les souffrances de la soif et de la faim, auxquelles il faut encore ajouter les tourments d'un espoir toujours trompé et toujours renaissant; en effet c'étoit sur des tas de bled que nos soldats manquoient de pain, et avec l'image d'un vaste lac devant les yeux qu'ils étoient dévorés par la soif. Ce supplice d'un nouveau genre a besoin d'être expliqué, puisqu'il est l'effet d'une illusion qui n'a lieu que dans ces contrées : elle est produite par le *mirage* des objets saillants sur les rayons obliques du soleil réfractés par l'ardeur de la terre embrasée ; ce phénomene offre tellement l'image de l'eau, qu'on y est trompé la dixieme fois comme la premiere ; il attise une soif d'autant plus ardente que l'instant où il se manifeste est le plus chaud du jour. J'ai pensé qu'un dessin n'en donneroit pas l'idée, puisqu'il ne pourroit jamais être que la représentation d'une ressemblance ; mais, pour y suppléer, il faut lire un rapport fait à l'institut du Caire, et inséré dans les mémoires (1) imprimés par Didot l'aîné, dans lequel le citoyen Monge a décrit et analysé ce phénomene avec la sagacité et l'érudition qui caractérisent ce savant.

Les villages étoient désertés à l'approche de l'armée, et les habitants en emportoient tout ce qui auroit pu l'alimenter.

Les pasteques furent le premier soulagement que le sol d'Égygte offrit à nos soldats, et ce fruit fut consacré dans leur mémoire par la reconnoissance. En arrivant au Nil ils s'y jeterent tout habillés pour se désaltérer par tous les pores.

(1) Mémoires sur l'Égypte pendant les années VI, VII et VIII, 4 vol. in-8º.

Lorsque l'armée eut dépassé Rahmanieh, ses marches sur les bords du fleuve devinrent moins pénibles. Nous ne la suivrons pas dans toutes ses stations : nous dirons seulement que le 1ᵉʳ thermidor elle vint coucher à Amm-el-Dinar ; elle en partit le lendemain avant le jour ; après douze heures de marche elle se trouva près Embabey, où les Mamelouks étoient rassemblés ; ils y avoient un camp retranché, entouré d'un mauvais fossé, défendu par trente-huit pieces de canon. Dès qu'on eut découvert les ennemis, l'armée se forma : lorsque Bonaparte eut donné ses derniers ordres, il dit, en montrant les pyramides : Allez, et pensez que du haut de ces monuments quarante siecles nous observent. Desaix, qui commandoit l'avant-garde, avoit dépassé le village ; Reynier suivoit à sa gauche ; Dugua, Vial, et Bon, toujours à gauche, formoient le demi-cercle en se rapprochant du Nil. Mourat-bey, qui vint nous reconnoître, et qui ne vit point de cavalerie, dit qu'il alloit nous tailler comme *des citrouilles* (ce fut son expression) :

en conséquence le corps le plus considérable des Mamelouks, qui étoit en avant d'Embabey, s'ébranla, et vint charger la division Dugua avec une rapidité qui lui avoit à peine laissé le temps de se former; elle les reçut avec un feu d'artillerie qui les arrêta; et par un *à gauche* ils allerent tomber jusque sur les baïonnettes de la division Desaix; un feu de file nourri et soutenu produisit une seconde surprise : ils furent un moment sans détermination ; puis, tout-à-coup, voulant tourner la division, ils passerent entre celle de Reynier et celle de Desaix, et reçurent le feu croisé de toutes deux; ce qui commença leur déroute. N'ayant plus de projet, une partie retourna sur Embabey, l'autre alla se retrancher dans un parc planté de palmiers, qui se trouvoit à l'occident des deux divisions, et d'où on les envoya déloger par des tirailleurs; ils prirent alors la route du désert des pyramides. Ce furent eux qui dans la suite nous disputerent la haute Égypte. Pendant ce temps les autres divisions, en s'approchant du village, se trouvoient dans le cas d'être endommagées par l'artillerie du camp retranché : on résolut de l'attaquer ; il fut formé deux bataillons, tirés de la division Bon et Menou, et commandés par les généraux Rampon et Marmont pour marcher sur le village, et le tourner à l'aide du fossé : le bataillon Rampon leur paroît facile à envelopper et à détruire ; il est attaqué par ce qui restoit de Mamelouks dans le camp. Ce fut là que le feu fut le plus vif et le plus meurtrier ; ils ne concevoient pas notre résistance (ils ont dit depuis qu'ils nous avoient cru liés ensemble) : en effet la meilleure cavalerie de l'orient, peut-être du monde entier, vint se rompre contre un petit corps hérissé de baïonnettes ; il y en eut qui vinrent enflammer leur habit au feu de notre mousqueterie, et qui, blessés mortellement, brûlerent devant nos rangs. La déroute devint générale : ils voulurent retourner dans leur camp, nos soldats les y suivirent, et y entrerent pêle-mêle avec eux ; leurs canons furent pris ; toutes les divisions qui s'approchoient en entourant le village leur ôtoient tout moyen de retraite : ils voulurent longer le Nil, un mur qui y arrivoit transversalement les arrêta et les refoula ; alors ils se jeterent dans le fleuve pour aller rejoindre le corps d'Ibrahim-bey, qui étoit resté vis-à-vis pour couvrir le Caire : dès lors ce ne fut plus un combat, mais un massacre ; l'ennemi sembloit défiler pour être fusillé, et n'échapper au feu de nos bataillons que pour devenir la proie des eaux. Au milieu de ce carnage, en levant les yeux, on pouvoit être frappé de ce contraste sublime qu'offroit le ciel pur de cet heureux climat : un petit nombre de Français, sous la conduite d'un héros, venoit de conquérir une partie du monde ; un empire venoit de changer de maître ; l'orgueil des Mamelouks achevoit de se briser contre les baïonnettes de notre infanterie. Dans cette grande et terrible scene, qui devoit avoir de si importants résultats, la poussiere et la fumée troubloient à peine la partie la plus basse de l'atmosphere ; l'astre du jour roulant sur un vaste horizon achevoit paisiblement sa carriere : sublime témoignage de cet ordre immuable de la nature qui obéit à d'éternels décrets dans ce calme silencieux qui la rend encore plus imposante. C'est ce que j'ai cherché à peindre dans le dessein que j'ai fait de ce moment (*voyez pl.* XII, *et le plan de la bataille pl.* XI, *et les explications de ces deux planches*).

La relation officielle du général Berthier, où les mouvements militaires sont circonstanciés de la maniere la plus lucide et la plus savante, servira encore d'explication au plan de cette bataille, plan qui doit acquérir un prix particulier par les corrections qu'a bien voulu y faire Bonaparte lui-même dans la disposition des corps, et la détermination de leurs mouvements. Ce plan de bataille, auquel se joint celui du Caire, de Boulac, Djyzeth, etc., est tout à la fois la carte du pays, dont le n° 12 est la vue.

Le général Menou étoit resté blessé à Alexandrie : il devoit aller organiser le gouvernement à Rosette, et faire une tournée dans le Delta. Avant de se rendre au Caire il m'avoit engagé à l'accompagner dans cette marche : je me décidai d'autant plus volontiers à faire ce voyage, que je pensois d'avance qu'il ne pouvoit être très intéressant qu'autant qu'on le feroit avant celui de la haute Égypte; j'accompagnois d'ailleurs un homme aimable, instruit, et mon ami depuis long-temps.

Nous nous embarquâmes sur un aviso dans le port neuf d'Alexandrie ; nous manœuvrâmes tout le jour : mais nos capitaines, ne connoissant ni les courants, ni les brisants, ni les bas-fonds de ce port, après avoir évité la pointe du diamant, penserent nous échouer au rocher du petit Pharillon, et nous ramenerent mouiller à l'entrée du port pour repartir le lendemain. Je fis le dessin du château (n° 3, *pl*. X), bâti dans l'isle Pharus, sur l'emplacement de ce fameux monument si utile et si magnifique, cette merveille du monde, qui, après avoir pris le nom de l'isle sur laquelle il avoit été élevé, le transmit à tous les monuments de ce genre.

Nous repartîmes le lendemain sous d'aussi mauvais auspices que la veille. A peine fûmes-nous à quelques lieues en mer, que, le vent étant devenu très fort, le général Menou fut pris d'un vomissement convulsif qui pensa lui coûter la vie, en le faisant tomber de sa hauteur la tête sur la culasse d'un canon. Aucun de nous ne pouvoit juger du danger de la large blessure qu'il s'étoit faite : il avoit perdu connoissance ; nous mîmes en délibération si on le conduiroit sur l'*Orient*, qui étoit mouillé avec la flotte à Aboukir, et vis-à-vis duquel nous nous trouvions dans le moment.

Nos marins croyoient que quelques heures nous suffiroient pour nous rendre dans le Nil : nous choisîmes ce parti, qui devoit finir les angoisses du général. Malgré le tourment de notre situation et le roulis du bâtiment, je parvins à dessiner la petite vue (*n*° 1, *pl*. XV) qui donne une idée du mouillage de notre flotte devant Aboukir, de ce promontoire célèbre autrefois par la ville de Canope et toutes ses voluptés, aujourd'hui si fameux par toutes les horreurs de la guerre. Quelques heures après nous nous trouvâmes, sans le savoir, à une des bouches du Nil, ce que nous reconnûmes au tableau le plus désastreux que j'aie vu de ma vie. Les eaux du Nil repoussées par le vent élevoient à une hauteur immense des ondes qui étoient perpétuellement refoulées et brisées par le courant du fleuve avec un bruit épouvantable; un de nos bâtiments qui venoit de faire naufrage, et que la vague achevoit de rompre, fut le seul indice que nous eûmes de la côte; plusieurs autres avisos dans la même situation que nous, c'est-à-dire dans la même confusion, se rapprochoient pour se consulter, s'évitoient pour ne pas se briser, et ne pouvoient s'entendre que par des cris encore plus épouvantables. Il n'y avoit point de pilote côtier; nous ne savions plus qu'aviser, le général alloit toujours en empirant: nous imaginâmes d'aller reconnoître le bogaze ou la barre du fleuve; le canot fut mis à la mer, et le chef de bataillon Bonnecarerre et moi nous nous y jetâmes comme nous pûmes. A peine eûmes-nous quitté notre bord que nous nous trouvâmes au milieu des abymes, sans voir autre chose que la cime recourbée des vagues qui de toutes parts menaçoient de nous engloutir; à mille toises de l'aviso nous ne pouvions plus le rejoindre : le mal de mer commençoit à me tourmenter; il étoit question d'attendre d'une maniere indéfinie, et de passer ainsi la nuit. Je m'enveloppois de mon manteau pour ne plus rien voir de notre déplorable situation, lorsque nous passâmes sous les eaux d'une felouque, où j'apperçus un malheureux qui, en descendant dans une embarcation, étoit resté suspendu à une corde; fatigué des efforts qu'il faisoit pour se soutenir dans cette périlleuse position, ses bras s'alongeoient, et le laissoient aller dans ceux de la mort, que je voyois ouverts pour le recevoir. J'éprouvai à ce spectacle une telle révolution que mes évanouissements cescerent : je ne criois pas, je hurlois; les matelots mêloient leurs cris aux miens : ils furent enfin entendus de ceux du bâtiment: d'abord on ne savoit ce que nous voulions ; on chercha de tous côtés avant de venir au secours du malheureux dont les dernieres forces expiroient ; on le découvre à la fin... on eut encore le temps de le sauver.

Le moment que nous avoit fait perdre cet évènement, et les efforts que nous avions faits pour nous tenir au vent en cas que cet homme tombât à la mer nous avoient fait prendre assez de hauteur pour regagner notre aviso ; nous l'escaladâmes assez heureusement, et nous nous retrouvâmes au même point dont nous étions partis sans savoir plus que tenter. Le vent se calma un peu, mais la mer resta grosse : la nuit vint ; elle fut moins orageuse.

Le général étoit trop mal pour prendre lui-même une résolution : nous tînmes de nouveau conseil, et nous résolûmes de le mettre de notre mieux dans le canot, pensant que le bâtiment naufragé et les brisants nous serviroient de guides, et qu'en les évitant également nous entrerions dans le Nil : cela nous réussit ; au bout d'une heure de navigation, nous nous trouvâmes à l'angle de la côte, et tournant tout-à-coup à droite, nous voguâmes dans le plus paisible lit du plus doux de tous les fleuves, et une demi-heure après au milieu du plus frais et du plus verdoyant de tous les pays : c'étoit exactement sortir du Ténare pour entrer par le Léthé dans les champs Élysées. Ceci étoit encore plus vrai pour le général, qui étoit déja sur son séant, et ne nous laissoit d'inquiétude que sur la profondeur de sa blessure, qu'aucun de nous n'avoit osé sonder.

Nous trouvâmes bientôt à notre droite un fort, et à notre gauche une batterie, qui, autrefois construite pour défendre l'embouchure du Nil, en est maintenant à une lieue ; ce qui pourroit donner la mesure de la progression de l'alluvion du fleuve. En effet la construction de ces forts ne remonte pas au-delà de l'invention de la poudre, et ils n'ont par conséquent pas plus de trois cents ans. Je fis rapidement deux dessins de ces deux points (*n*° 1 *et* 2, *pl.* XIII).

Le premier, à l'ouest du fleuve, présente un château carré, flanqué de grosses tours aux angles, avec des batteries dans lesquelles étoient des canons de vingt-cinq pieds de longueur; le second n'est plus qu'une mosquée, devant laquelle étoit une batterie ruinée, dont un canon, du calibre de vingt-huit pouces, ne servoit plus qu'à procurer d'heureux accouchements aux femmes lorsqu'elles venoient l'enjamber pendant leur grossesse.

Une heure après nous découvrîmes, au milieu des forêts de dattiers, de bananiers et de sycomores, Rosette, placée sur les bords du Nil, qui, sans les dégrader, baigne tous les ans les murailles de ses maisons. J'en fis la vue avant d'y aborder (*voyez n° 3, pl.* XIII).

Rascid, que les Francs ont nommée Rosette ou Rosset, a été bâtie sur la branche et près de la bouche Bolbitine, non loin des ruines d'une ville de ce nom, qui devoit être située à un coude du fleuve, où est à présent le couvent d'Abou-Mandour, à une demi-lieue de Rosette: ce qui pourroit appuyer cette opinion, ce sont les hauteurs qui dominent ce couvent, et qui doivent avoir été formées par des atterrissements ; ce sont encore quelques colonnes et autres antiquités trouvées en faisant, il y a une vingtaine d'années, des réparations à ce couvent (*voyez la vue, pl.* XIII, *n°* 5).

Léon d'Afrique dit que Rascid fut bâtie par un gouverneur d'Égypte, sous le regne des califes ; mais il ne dit ni le nom du calife, ni l'époque de la fondation.

Rosette n'offre aucun monument curieux. Son ancienne circonvallation annonce qu'elle a été plus grande qu'elle n'est à présent ; on reconnoît sa premiere enceinte aux buttes de sable qui la couvrent de l'ouest au sud, et qui n'ont été formées que par les murailles et les tours qui servent aujourd'hui de noyaux à ces atterrissements. Ainsi qu'à Alexandrie, la population de cette ville va toujours en décroissant. On y bâtit peu, et ce qui s'y construit ne se fait plus que des vieilles briques des édifices qui tombent en ruine faute d'habitants et de réparations. Les maisons, mieux bâties en général que celles d'Alexandrie, sont cependant si fréles encore, que, si elles n'étoient épargnées par le climat, qui ne détruit rien, il n'existeroit bientôt plus une maison à Rosette; les étages qui vont toujours en avançant l'un sur l'autre, finissent presque par se toucher; ce qui rend les rues fort obscures et fort tristes. Les habitations qui sont le long du Nil n'ont pas cet inconvénient; elles appartiennent pour la plupart aux négociants étrangers. Cette partie de la ville seroit d'un embellissement facile; il n'y auroit qu'à construire sur la rive du fleuve un quai alternativement rampant et revêtu : les maisons, outre l'avantage d'avoir vue sur la navigation, ont encore l'aspect riant des rives du Delta, isle qui n'est qu'un jardin d'une lieue d'étendue.

Cette isle devint d'abord notre propriété, notre promenade, et enfin le parc où nous nous donnions le plaisir de la chasse, lequel étoit doublé par celui de la curiosité, puisque chaque oiseau que nous tuions étoit une nouvelle connoissance.

Je pus remarquer que les habitants de

la rive gauche du Nil, c'est-à-dire les habitants du Delta, étoient plus doux et plus sociables : je crois qu'il faut en attribuer la cause à plus d'abondance, à l'absence des Arabes Bédouins, qui, ne traversant jamais le fleuve, les laissent dans un état de paix que n'éprouvent les autres dans aucun moment de leur vie.

En observant les causes on est presque toujours moins porté à se plaindre des effets. Peut-on reprocher aux Arabes cultivateurs d'êtres sombres, défiants, avares, sans soins, sans prévoyance pour l'avenir, lorsque l'on pense qu'outre la vexation du possesseur du sol qu'ils cultivent, de l'avide bey, du cheikh, des Mamelouks, un ennemi errant, toujours armé, guette sans cesse l'instant de lui enlever tout ce qu'il oseroit montrer de superflu ? L'argent qu'il peut cacher, et qui représente toutes les jouissances dont il se prive, est donc tout ce qu'il peut croire véritablement à lui ; aussi l'art de l'enfouir est-il sa principale étude : les entrailles de la terre ne le rassurent pas ; des décombres, des haillons, toute la livrée de la misere, c'est en ne présentant que ces tristes objets aux regards de ses maîtres qu'il espere soustraire ce métal à leur avidité; il lui importe d'inspirer la pitié : ne pas le plaindre, ce seroit le dénoncer; inquiet en amassant ce dangereux argent, troublé quand il le possede, sa vie se passe entre le malheur de n'en point avoir, ou la terreur de se le voir ravir.

Nous avions à la vérité chassé les Mamelouks; mais, à notre arrivée, éprouvant toutes sortes de besoins, en les chassant, ne les avions-nous pas remplacés? et ces Arabes Bédouins, mal armés, sans résistance, n'ayant pour rempart que des sables mouvants, de ligne que l'espace, de retraite que l'immensité, qui pourra les vaincre ou les contenir? Tâcherons-nous de les séduire en leur offrant des terres à cultiver? mais les paysans d'Europe qui deviennent chasseurs cessent sans retour de travailler la terre; et le Bédouin est le chasseur primitif; la paresse et l'indépendance sont les bases de son caractere; et pour satisfaire et défendre l'une et l'autre, il s'agite sans cesse, et se laisse assiéger et tyranniser par le besoin. Nous ne pouvons donc rien proposer aux Bédouins qui puisse équivaloir à l'avantage de nous voler ; et ce calcul est toujours la base de leurs traités.

L'envie, fléau dont n'est pas exempt le séjour même du besoin, plane encore sur les sables brûlants du désert. Les Bédouins guerroient avec tous les peuples de l'univers, ne haïssent et ne portent envie qu'aux Bédouins qui ne sont pas de leur horde ; ils s'engagent dans toutes les guerres, ils se mettent en mouvement dès qu'une querelle intérieure ou un ennemi étranger vient troubler le repos de l'Égypte, et, sans s'attacher à l'un ou à l'autre des partis, ils profitent de leur querelle pour les piller tous deux. Lorsque nous descendîmes en Afrique, ils se méloient parmi nous, enlevoient nos traîneurs, et eussent pillé les Alexandrins, s'ils fussent venus se faire battre hors de leurs murailles. Là où est le butin, là est l'ennemi des Bédouins : toujours prêts à traiter, parcequ'il y a des présents attachés aux stipulations, ils ne connoissent d'engagement que la nécessité. Leur cruauté n'a cependant rien d'atroce : les prisonniers qu'ils nous ont faits, en retraçant les maux qu'ils avoient soufferts dans leur captivité, les consideroient plutôt comme une suite de la maniere de vivre de cette nation, que comme un résultat de leur barbarie. Des officiers, qui avoient été leurs prisonniers, m'ont dit que le travail qu'on avoit exigé d'eux n'avoit rien eu d'excessif ni de cruel; ils obéissoient aux femmes, chargeoient et conduisoient les ânes et les chameaux ; il falloit à la vérité camper et décamper à tout moment ; tout le ménage étoit plié, et l'on étoit en route dans un quart-d'heure au plus : au reste ce ménage consistoit en un moulin à bled et à café, une plaque de fer pour cuire les galettes, une grande et une petite cafetiere, quelques outres, quelques sacs à grains, et la toile de la tente qui servoit d'enveloppe à tout cela. Une poignée de bled rôti et douze dattes étoient la ration commune des jours de marche, et quelque peu d'eau, qui, vu sa rareté, avoit servi à tout avant que d'être bue; mais ces officiers n'ayant eu l'ame flétrie par aucun mauvais traitement, ils ne conservoient aucun souvenir amer d'une condition malheureuse qu'ils n'avoient fait que partager.

Sans préjugé de religion, sans culte extérieur, les Bédouins sont tolérants: quelques coutumes révérées leur servent de lois; leurs principes ressemblent à des vertus qui suffisent à leurs associations partielles, et à leur gouvernement paternel.

Je dois citer un trait de leur hospitalité : un officier français étoit depuis plusieurs mois le prisonnier d'un chef d'Arabes; son camp surpris la nuit par notre cavalerie, il n'eut que le temps de se sauver; tentes, troupeaux, provisions, tout fut pris. Le lendemain, errant, isolé, sans ressource, il tire de ses habits un pain, et en donnant la moitié à son prisonnier, il lui dit : Je ne sais quand nous en mangerons d'autre; mais on ne m'accusera point de n'avoir pas partagé le dernier avec l'ami que je me suis fait. Peut-on haïr un tel peuple, quelque farouche que d'ailleurs il puisse être? et quel avantage lui donne sur nous cette sobriété comparée aux besoins que nous nous sommes faits? comment persuader ou réduire de pareils hommes? n'auront-ils pas toujours à nous reprocher de semer de riches moissons sur les tombeaux de leurs ancêtres?

Tant que nous n'avions pas été maîtres du Caire, les habitants des bords du Nil, regardant notre existence comme très précaire en Égypte, s'étoient soumis en apparence à notre armée lors de son passage; mais ne doutant point qu'elle ne se fondît bientôt devant leurs invincibles tyrans, ils s'étoient permis, soit pour qu'ils leur pardonnassent de s'être soumis, soit pour se livrer à leur esprit de rapine, de courir et de tirer sur les barques que nous envoyions à l'armée, et sur celles qui en revenoient : quelques bateaux furent obligés de rétrograder, après avoir reçu pendant plusieurs lieues de chemin des coups de fusils, notamment des habitants des villages de Metubis et Tfemi. On envoya contre eux un aviso et quelques troupes : j'étois de cette expédition : les instructions étoient pacifiques ; nous acceptâmes leurs soumissions, et emmenâmes des otages. Je fis, pendant les pourparlers qu'exigea notre traité, les vues de Metubis et de Tfemi (*voyez planche* XVI, *n°* 1, 2, 3, *et* 4). Le n° 3 est Metubis ; le n° 1 est la vue de Tfemi, qui est vis-à-vis du premier ; le n° 4, même planche, est le village de Sandion, que l'on trouve sur la route de Fua ; et le n° 2 sont les trois villages ci-dessus, qu'à une certaine hauteur on apperçoit tout à la fois.

Quelques jours après une autre barque partit pour le Caire : on n'entendit plus parler de ceux qui la montoient ; et ce ne fut que par les gens du pays que nous sûmes qu'ils avoient été attaqués au-delà de Fua ; qu'après avoir été tous blessés, leurs conducteurs s'étoient jetés à l'eau ; que, livrés au courant, ils avoient échoué ; qu'arrêtés et conduits à Salmie, ils y avoient été fusillés. Le général Menou se crut obligé de faire un grand exemple. Nous partîmes donc avec deux cents hommes sur un demi-chebek et des barques ; nous mîmes à terre à une demi-lieue de Salmie ; un détachement tourna le village, un autre suivit le bord du fleuve ; la troisieme division, qui devoit achever la circonvallation, étoit restée engravée à deux lieues au-dessous. Nous trouvâmes les ennemis à cheval, en bataille, devant le village ; ils nous attaquerent les premiers, et chargerent jusque sur les baïonnettes : les principaux ayant été tués à la premiere décharge, et se voyant entourés, ils furent bientôt en déroute ; la troisieme division, qui devoit fermer la retraite, n'étant point arrivée à temps, le cheikh et tous les combattants s'échapperent. Le village fut livré au pillage pendant le reste du jour, et au feu dès que la nuit fut venue : les flammes et des coups de canon tant que durerent les ténebres avertirent à dix lieues à la ronde que notre vengeance avoit été complete et terrible. J'en fis un dessin à la lueur de l'incendie (*pl.* XXVIII n° 2); le *n°* 1, *pl.* XX, est Salmie vue de jour.

Nous revînmes à Fua, où nous fûmes reçus en vainqueurs qui savoient mettre des bornes à leurs vengeances : tous les cheikhs de la province avoient été convoqués, et s'étoient assemblés ; ils entendirent avec respect et résignation le manifeste qui leur fut lu concernant l'expédition, et les bases sur lesquelles alloit s'établir la nouvelle organisation de Salmie. On nomma un ancien cheikh à la place de celui que les Français venoient de déposséder et de proscrire ; il fut envoyé pour rassembler les habitants épars, et amener une députation, qui arriva le troisieme jour. Le détachement qui avoit conduit le vieux cheikh avoit été reçu avec acclamation. Les députés nous dirent en arrivant qu'ils avoient reconnu la paternité dans la main qui s'étoit appesantie sur eux ; qu'ils voyoient bien que nous ne leur voulions point de mal, puisque nous n'avions tué que neuf coupables, et brûlé que le quart du village : ils ajouterent que le feu étoit éteint, que l' maison du cheikh émigré étoit détruite, et qu'ils avoient offert le reste des poules et des oies aux soldats qui étoient venus terminer les remords qui les tourmentoient depuis trois semaines.

Nous établîmes un poste ordinaire à Salmie, d'accord avec les arrondissements avoisinants, et nous achevâmes notre expédition par une tournée du département. Dans chaque village nous étions reçus d'une maniere plus que féodale; c'étoit le principal personnage du pays qui nous recevoit, et faisoit payer notre dépense aux habitants. Il falloit connoître les abus avant d'y remédier; séduits d'ailleurs par la facilité que le hasard nous offroit d'observer les coutumes d'un pays dont nous allions changer les mœurs, nous laissions faire encore pour cette fois.

Une maison publique, qui presque toujours avoit appartenu au Mamelouk, ci-devant seigneur et maître du village, se trouvoit en un moment meublée, à la mode du pays, en nattes, tapis, et coussins; un nombre de serviteurs apportoit d'abord de l'eau fraîche parfumée, des pipes et du café; une demi-heure après un tapis étoit étendu; tout autour on formoit un bourlet de trois ou quatre especes de pain et de gâteaux, dont tout le centre étoit couvert de petits plats de fruits, de confitures, et de laitage, la plupart assez bons, sur-tout très parfumés. On sembloit ne faire que goûter de tout cela; effectivement en quelques minutes ce repas étoit fini; mais deux heures après le même tapis étoit couvert de nouveau, d'autres pains et d'immenses plats de riz au bouillon gras et au lait, de demi-moutons mal rôtis, de grands quartiers de veaux, des têtes bouillies de tous ces animaux, et de soixante autres plats tous entassés les uns sur les autres; c'étoient des ragoûts aromatisés, herbes, gelées, confitures, et miel non préparé. Point de sieges, point d'assiettes, point de cuillers ni de fourchettes, point de gobelets ni de serviettes; à genoux sur ses talons, on prend le riz avec les doigts, on arrache la viande avec ses ongles, on trempe le pain dans les ragoûts, et on s'en essuie les mains et les levres; on boit de l'eau au pot : celui qui fait les honneurs boit toujours le premier, il goûte de même le premier de tous les plats, moins pour vous prouver que vous ne devez pas le soupçonner que pour vous faire voir combien il est occupé de votre sûreté, et le cas qu'il fait de votre personne. On ne vous présente une serviette qu'après le dîner, lorsqu'on apporte à laver les mains; ensuite l'eau de rose est versée sur toute la personne; puis la pipe et le café.

Lorsque nous avions mangé, les gens du second ordre du pays venoient nous remplacer, et étoient eux-mêmes très rapidement relevés par d'autres : par principe de religion un pauvre mendiant étoit admis, ensuite les serviteurs, enfin tous ceux qui vouloient, jusqu'à ce que tout fût mangé. S'il manque à ces repas de la commodité et cette élégance qui aiguillonne l'appétit, on peut en admirer l'abondance, l'abandon hospitalier, et la frugalité des convives, que le nombre des plats ne retient jamais plus de dix minutes à table.

Le 14 fructidor, au matin, nous étions maître de l'Égypte, de Corfou, de Malte; treize vaisseaux de ligne rendoient cette possession contiguë à la France, et n'en faisoient qu'un empire. L'Angleterre ne croisoit dans la Méditerranée qu'avec des flottes nombreuses qui ne pouvoient s'approvisionner qu'avec des embarras et des dépenses immenses.

Bonaparte, sentant tout l'avantage de cette position, vouloit, pour le conserver, que notre flotte entrât dans le port d'Alexandrie; il avoit promis deux mille sequins à celui qui en donneroit le moyen: des capitaines de bâtiments marchands avoient, dit-on, trouvé une passe dans le port vieux; mais le mauvais génie de la France conseilla et persuada à l'amiral de s'embosser à Aboukir, et de changer en un jour le résultat d'une longue suite de succès.

Le 14, après midi, le hasard nous avoit conduits à Abou-Mandour, couvent dont j'ai déja parlé, et qui, depuis Rosette, est le terme d'une jolie promenade sur le bord du fleuve (*voyez pl.* XV, *n*° 5):

arrivés à la tour qui domine le monastere nous appercevons vingt voiles; arriver, se mettre en ligne, et attaquer, fut l'affaire d'un moment. Le premier coup de canon se fit entendre à cinq heures; bientôt la fumée nous déroba les mouvements des deux armées; mais à la nuit nous pûmes distinguer un peu mieux, sans pouvoir cependant nous rendre compte de ce qui se passoit. Le danger que nous courions d'être enlevés par le plus petit corps de Bédouins ne put nous distraire de l'avide attention qu'excitoit en nous un évènement d'un si grand intérêt. Le feu roulant et redoublé étoit perpétuel; nous ne pouvions douter que le combat ne fût terrible, et soutenu avec une égale opiniâtreté. De retour à Rosette nous montâmes sur les toits de nos maisons; vers dix heures, une grande clarté nous indiqua un incendie; quelques minutes après une explosion épouvantable fut suivie d'un silence profond : nous avions vu tirer de gauche à droite sur l'objet enflammé, et, par suite de raisonnement, il nous sembloit que ce devoient être les nôtres qui avoient mis le feu ; le silence qui avoit succédé devoit être la suite de la retraite des Anglais, qui pouvoient seuls continuer ou cesser le combat, puisque seuls ils disposoient de la liberté de l'espace. A onze heures un feu lent recommença : à minuit le combat étoit de nouveau engagé ; il cessa à deux heures du matin : à la pointe du jour j'étois aux postes avancés, et, dix minutes après, la canonnade fut rétablie ; à neuf heures un autre vaisseau sauta ; à dix heures quatre bâtiments, les seuls restés entiers, et que nous reconnûmes français, traverserent à toutes voiles le champ de bataille, dont ils nous paroissoient maîtres, puisqu'ils n'étoient ni attaqués ni suivis. Tel étoit le fantôme produit par l'enthousiasme de l'espérance.

Je passois ma vie à la tour d'Abou-Mandour ; j'y comptois vingt-cinq bâtiments, dont la moitié n'étoit plus que des cadavres mutilés, et dont le reste se trouvoit dans l'impossibilité de manœuvrer pour les secourir ; trois jours nous restâmes dans cette cruelle incertitude. La lunette à la main j'avois dessiné les désastres, pour me rendre compte si le lendemain n'y apporteroit aucun changement (*voyez pl.* XV, *n°* 5) : nous repoussions l'évidence avec la main de l'illusion : mais le bogaze fermé, mais la communication d'Alexandrie interceptée, nous apprirent que notre existence étoit changée; que séparés de la métropole, nous étions devenus colonies, obligés jusqu'à la paix d'exister de nos moyens : nous apprîmes enfin que la flotte anglaise avoit doublé notre ligne, qui n'avoit point été assez solidement appuyée contre l'isle qui devoit la défendre; que les ennemis prenant par une double ligne nos vaisseaux l'un après l'autre, cette manœuvre, qui invalidoit l'ensemble de nos forces, en avoit rendu la moitié spectatrice de la destruction de l'autre; que c'étoit l'*Orient* qui avoit sauté à dix heures; que c'étoit l'*Hercule* qui avoit sauté le lendemain; que ceux qui commandoient les vaisseaux le *Guillaume-Tell*, et le *Généreux*, et les frégates la *Diane* et la *Justice*, voyant les autres au pouvoir de l'ennemi, avoient profité du moment de sa lassitude pour échapper à ses coups réunis. Nous apprîmes enfin que le 14 fructidor avoit rompu ce bel ensemble de nos forces et de notre gloire; que notre flotte détruite avoit rendu à nos ennemis l'empire de la Méditerranée, empire que leur avoient arraché les exploits inouis de nos armées de terre; et que la seule existence de nos vaisseaux nous auroit conservé.

Notre position avoit entièrement changé : dans la possibilité d'être attaqués nous fûmes obligés à des préparatifs de défense; on fortifia l'entrée du Nil, on établit une batterie sur une des isles, on visita tous les points.

Dans une de nos reconnoissances nous retournâmes au bogaze ou barre du Nil: Il étoit à cette époque presque à sa plus grande hauteur; et nous fûmes dans le cas de voir les efforts de son poids contre les vagues de la mer, qui dans cette saison sont poussées douze heures de chaque jour par le vent de nord dans le sens opposé au cours du fleuve: il résulte de ce combat un bourlet de sables, qui s'exhausse avec le temps, devient une isle qui partage le cours du fleuve, et lui forme deux bouches qui ont chacune leurs brisants ; le remoux de ces brisants rapporte au rivage une partie du sable que le courant avoit entraîné, et, par cette alluvion, les deux bouches se resserrent peu-à-peu jusqu'à ce que l'une d'elles l'emportant sur l'autre, la moins forte s'obstrue, devient terre ferme avec l'isle ; et à la bouche qui reste se reforme bientôt un autre bourlet, une isle, deux bouches nouvelles, etc., etc. N'est-ce pas là comme on peut le plus naturellement rendre compte de l'antique géographie des bouches du Nil, expliquer le voyage de Ménélas dans Homere, le changement du Delta, dont l'emplacement a pu d'abord être un golfe, puis une plage, puis une terre cultivée, couverte de villes superbes et de riches moissons, coupée de canaux, qui, desséchant ou arrosant avec intelligence le sol, portoient l'abondance sur toute la surface de ce pays nouveau ? Puis, par le laps de temps, les fléaux des révolutions, et leurs résultats funestes, des points de desséchements se seront manifestés; des parties auront été abandonnées, d'autres seront devenues salines; des lacs se seront formés, détruits, et reproduits avec des formes nouvelles; les canaux obstrués auront changé de cours, se seront perdus; et aujourd'hui, dans nos recherches incertaines, nous demandons où étoient les bouches de Canope, de Bolbitine, de Berenice, etc., etc...

Les premiers végétaux qui croissent sur les alluvions sont trois à quatre especes de soudes : les sables s'amoncellent contre ces plantes; elles s'élevent de nouveau sur l'amoncellement : leur dépérissement est un engrais qui fait croître des joncs; ces joncs élevent encore le sol et le consolident : le dattier paroît, qui, par son ombre, y conserve l'humidité, et acheve d'y apporter l'abondance, ainsi qu'on peut le voir aux environs du château de Racid, dont, au temps de Selim, le canon tiroit en mer, et qui maintenant se trouve à une lieue du rivage, entouré de forêts de palmiers, sous lesquels croissent d'autres arbres fruitiers, et tous les légumes de nos jardins les plus abondants.

Dans cette expédition je vis, à l'embouchure du fleuve, nombre de pélicans et de gerboises. En observant le château de Racid je remarquai qu'il avoit été construit de membres d'anciens édifices ; qu'une partie des pierres des embrasures de canon étoient de beaux grès de la haute Égypte, couvertes encore d'hiéroglyphes. En visitant les souterrains, nous y trouvâmes une espece de magasin, composé d'armes abandonnées ; c'étoient des arbalêtes, des arcs et fleches, avec des casques et des épées de la forme de celles des croisés. En fouillant ces magasins, nous délogeâmes des chauves-souris grosses comme des pigeons : nous en tuâmes plusieurs ; elles avoient toutes les formes de la roussette.

Depuis la perte de notre flotte, ce qu'il y avoit de troupes à Rosette avoit été disséminé en petites garnisons dans les châteaux et les batteries : on avoit été obligé d'établir une caravane d'Alexandrie à Rosette par Aboukir et le désert, pour entretenir la communication de ces deux villes; des soldats étoient employés à protéger ces caravanes contre les Arabes : il en restoit trop peu à Rosette pour le service de la place, et la défense en cas d'attaque; il fut donc question de former une milice de ce qu'il y avoit de voyageurs, de spéculateurs, et d'hommes inutiles, incertains, errants, irrésolus, qui arrivoient d'Alexandrie, ou qui revenoient déja du Caire : ces amphibies, corrompus par les campagnes d'Italie, ayant ouï parler des moissons égyptiennes comme des plus abondantes de l'univers, avoient pensé que la prise de possession d'un tel pays étoit la fortune toute faite des préoccupants; d'autres, curieux, blasés, l'esprit fasciné par les récits de Savary, étoient partis de Paris pour venir chercher de nouvelles voluptés au Caire; d'autres, speculateurs, pour fournir l'armée, pour observer, faire venir et vendre à haut prix ce qui pourroit manquer à la colonie : et cependant les beys avoient emporté tout ce qu'il y avoit d'argent et de magnificence au Caire ; le peuple avoit achevé le pillage des maisons opulentes avant notre entrée dans cette ville ; Bonaparte ne vouloit point de fournisseurs, et la flotte marchande se trouvoit bloquée par les Anglais : toutes ces circonstances jetoient un voile sombre sur l'Égypte pour tous ces voyageurs, étonnés de se trouver captifs, déçus de leurs projets, et obligés de concourir à la défense et à l'organisation d'un établissement qui ne devoit plus faire que la fortune et la gloire de la nation en général : ils écrivoient en France de tristes récits, que les Anglais interceptoient, et qui contribuoient à les tromper sur notre situation. Les Anglais se complaisoient à croire que nous mourions de faim, nous renvoyoient nos prisonniers, pour hâter l'époque de notre destruction, imprimoient dans leurs gazettes que la moitié de notre armée étoit à l'hôpital, que la moitié de l'autre moitié étoit obligée de conduire le reste qui étoit aveugle ; tandis que cependant la haute Égypte nous fournissoit en abondance le meilleur bled, et la basse, le plus beau riz; que le sucre du pays coûtoit la moitié moins qu'en France; que des troupeaux innombrables de buffles, bœufs, moutons, et chevres, tant des cultivateurs que des Arabes pasteurs, fournissoient abondamment à une consommation nouvelle au moment même de l'invasion, ce qui nous assuroit pour l'avenir abondance et superflu; tandis que, pour le luxe de nos tables, nous pouvions ajouter toutes especes de volailles, poissons, gibiers, légumes, et fruits. Voilà cependant ce que l'Égypte offroit d'objets de premiere nécessité à ces détracteurs, à qui il falloit de l'or pour réparer l'abus qu'ils en avoient fait, et qui, n'en trouvant point, ne voyoient plus autour d'eux que des sables brûlants, un soleil perpétuel, des puces et des cousins, des chiens qui les empêchoient de dormir, des maris intraitables, des femmes voilées ne leur montrant que des gorges éternelles.

Mais abandonnons au vent cette nuée de papillons qui affluent toujours où brille une premiere lueur : voyons nos triomphes et la paix rouvrir la porte d'Alexandrie, y amener de sages et industrieux cultivateurs, d'utiles négociants, des colons enfin, qui, sans s'effrayer de ce que l'Afrique ne ressemble pas à l'Europe, observeront qu'en Égypte un homme, pour trois sous, peut avoir autant qu'il lui en faut pour un jour du meilleur riz du monde; qu'une partie des terres qui ont cessé d'être inondées peuvent être rendues à la culture par l'arrosement, que des moulins à vent feroient monter plus haut que les moulins à pots qu'on y emploie, et qui consomment tant de bœufs, occupent tant de bras; que les isles du Nil et la plus grande partie du Delta n'attendent plus que des colons américains pour produire les plus belles cannes à sucre sur un sol qui ne dévorera pas les hommes; en s'approchant du Caire et par-delà, ils verront qu'il n'y a qu'à améliorer pour rivaliser avec toutes les plantations d'indigo et de coton de toutes especes; qu'en faisant une fortune sage et sûre, ils habiteront sous un ciel pur et sain, sur le bord d'un fleuve d'une espece presque miraculeuse, et dont on ne peut achever de nombrer les avantages ; ils verront une colonie nouvelle avec des villes toutes bâties, des travailleurs adroits accoutumés à la peine et tout acclimatés, avec lesquels, en peu d'années, et à l'aide des canaux qui sont tous tracés, ils créeront de nouvelles provinces, dont l'abondance future n'est pas problématique, puisque l'industrie moderne ne fera que leur rendre leur ancienne splendeur.

A l'égard de nos soldats insouciants, ils se moquerent de nos marins qui avoient été battus; imaginerent que Mourat-bey avoit un chameau blanc chargé d'or et de diamants; et il ne fut plus question que de Mourat-bey et de son chameau blanc. Pour moi, j'avois à voir la haute Égypte, et j'ajournai à penser sur notre situation que mon voyage fût fini.

Notre tournée dans le Delta se retardoit par les affaires qui survenoient au général Menou : je résolus d'employer ce retard à revenir sur mes pas refaire par terre la partie dont je n'avois apperçu que les côtes en venant d'Alexandrie par mer; je profitai d'une caravane pour aller chercher les ruines de Canope.

Il s'étoit joint nombre de gens du pays à l'escorte de cette caravane : à la chûte du jour, lorsqu'en sortant de la ville elle commença à se développer sur le tapis jaunâtre et lisse des monticules sablonneux qui environnent Rosette, elle produisit l'effet le plus pittoresque et le plus imposant ; les groupes de militaires, ceux des marchands dans leurs différents costumes, soixante chameaux chargés, autant de conducteurs arabes, les chevaux, les ânes, les piétons, quelques instruments militaires, offroient la vérité d'un des plus beaux tableaux du Benedetto, ou de Salvator Rose. Dès que nous eûmes descendu les monticules et dépassé les palmiers, nous entrâmes, au jour expirant, dans un vaste désert, où la ligne horizontale n'est brisée que par quelques petits monuments en briques, qui sont destinés à empêcher le voyageur de se perdre dans l'espace, et sans lesquels la plus petite erreur dans l'ouverture d'angle le feroit aboutir par une ligne prolongée à un but bien éloigné de celui où il tendoit. Nous marchions dans le silence du désert et des ténebres, sur une croûte de sel qui consolidoit un peu le sable mouvant : un détachement ouvroit la marche ; ensuite venoient les voyageurs, puis les bêtes de somme ; un autre détachement militaire assuroit le convoi contre les Arabes voltigeurs, qui, lorsqu'ils n'ont pas les forces nécessaires pour attaquer de front, viennent quelquefois enlever les traîneurs à vingt pas de la caravane.

A minuit, nous arrivâmes au bord de la mer. La lune en se levant éclaira une scene nouvelle ; quatre lieues de rivages couverts de nos débris nous donnerent la mesure de la perte que nous avions faite à la bataille d'Aboukir. Les Arabes errants, pour avoir quelques clous ou quelques cercles de fer, brûloient, tout le long de la côte, les mâts, les affûts, les embarcations, encore toutes entieres, fabriquées à grands frais dans nos ports, et dont les débris même étoient encore des trésors sur des parages si avares de telles productions. Les voleurs fuyoient à notre approche; il ne restoit que les cadavres des malheureuses victimes, qui, portés et déposés sur un sable mou dont ils étoient à demi-couverts, étoient restés dans des poses aussi sublimes qu'effrayantes. L'aspect de ces objets funestes avoit par degré fait tomber mon ame dans une sombre mélancolie; j'évitois ces spectres effrayants; et tous ceux que je rencontrois, par leurs attitudes variées, arrêtoient mes regards, et apportoient à ma pensée des impressions diverses : il n'y avoit que quelques mois que tous ces êtres, jeunes, pleins de vie, de courage et d'espoir, avoient été, par un noble effort, arrachés à des larmes que j'avois vu répandre, aux embrassements de leurs meres, de leurs sœurs, de leurs amantes, aux foibles étreintes de leurs jeunes enfants : tous ceux à qui ils étoient chers, me disois-je, et qui, cédant à leur ardeur, les laisserent s'éloigner, font encore des vœux pour leur succès et leur retour; avides des nouvelles de leur triomphe, ils leur préparent des fêtes, ils comptent les instants, tandis que les objets de leur attente gisent sur un rivage étranger, desséchés par un sable brûlant, le crâne déja blanchi...... Quel est ce squelette tronqué? est-ce toi, intrépide Thevenard? impatient d'abandonner au fer secourable des membres fracassés, tu n'aspires plus qu'à l'honneur de mourir à ton poste; une opération trop lente fatigue ton ardeur inquiete : tu n'as plus rien à attendre de la vie, mais tu peux encore donner un ordre utile, et tu crains d'être prévenu par la mort. Un autre spectre succede; son bras enveloppe sa tête qui s'enfonce dans le sable : mort au combat, les remords semblent survivre à ta courageuse fin : as-tu quelques reproches à te faire? tes membres tronqués attestent ton courage; devois-tu donc être plus que brave? est-ce que les ruines que la vague disperse autour de toi sont entassées par tes erreurs? et mon ame, émue en abandonnant tes restes, ne peut-elle leur donner qu'une stérile pitié? Quel est cet autre, assis, les jambes emportées? il semble par sa contenance arrêter un moment la mort dont il est déja la proie ! c'est toi, sans doute, courageux Dupetit-Thouars ; reçois le tribut de l'enthousiasme que tu m'inspires : tu meurs, mais tes yeux en se fermant n'ont pas vu ton pavillon abattu, et ta derniere parole a été l'ordre aux batteries que tu commandois, de tonner sur l'ennemi de la patrie : adieu ; un tombeau ne couvrira pas ta cendre, mais les larmes du héros qui te regrette sont le trophée impérissable qui va placer ton nom au temple de mémoire. Quel est celui-ci dans cette attitude tranquille de l'homme vertueux, dont la derniere action a été dictée par la sagesse et le devoir ? il regarde encore la flotte anglaise ; semblable à Bayard, il veut expirer la face tournée du côté de l'ennemi ; sa main est étendue vers des ossements tendres et presque déja détruits ; je distingue cependant un cou alongé, et des bras étendus : c'est toi, jeune héros, aimable Casabianca : ce ne peut être que toi ; la mort, l'inflexible mort, t'a réuni à ton pere, que tu préféras à la vie :

sensible et respectable enfant, le temps te promettoit la gloire, la piété filiale a préféré la mort : reçois nos larmes, le prix de tes vertus.

Le soleil avoit chassé les ombres, et n'avoit point encore dissipé la teinte sombre de mes pensées ; cependant la caravane en s'arrêtant m'avertit que nous étions au bord du lac qui sépare la plaine du désert de la presqu'isle au bout de laquelle est bâti Aboukir. Ce vaste et profond lac est l'ancienne bouche Canopite, que le Nil a abandonnée, et dont la mer, en y entrant sans obstacle, a par son poids refoulé les rives et rélargi le lit : ce mal toujours croissant menace de détruire l'isthme qui attache Aboukir à la terre ferme, et sur lequel coule le canal qui porte les eaux à Alexandrie. Les princes arabes ont tenté de construire une digue, qui n'a jamais été finie, ou qui, trop foible, a cédé aux efforts de la vague, poussée pendant une partie de l'année par les vents du nord ; il ne reste de cette digue que deux jetées sur les rives respectives. Le plan topographique de cette partie peu connue de l'Égypte, et toujours mal tracée sur toutes les cartes, procureroit le moyen de raisonner efficacement sur les dangers qui peuvent résulter du mouvement de la mer, et d'apporter les remedes nécessaires à la sûreté du canal important qui amene les eaux du Nil à Alexandrie.

L'embarcation difficile du canal de la Madié nous rendit ce petit trajet presque aussi long que tout le reste de la route. J'en fis le dessin (n° 2, *planche* XV). Nous trouvâmes à l'autre rive les premiers travaux d'une batterie que nous élevions pour protéger ce moyen de communication, que la présence de l'ennemi rendoit mal assurée sans cette précaution. A peine fûmes-nous passés que nous en eûmes la preuve; car un brick et un aviso anglais, venant pour troubler notre marche, nous tirerent sept à huit coups de canon; notre silence leur fit croire que nous n'avions rien à leur répondre; en conséquence, quelques heures après nous vîmes se détacher de l'escadre anglaise douze embarcations, et les deux bâtiments du matin qui venoient à toutes voiles sur nos travaux. Nous crûmes qu'ils alloient tenter une descente; mais ils se contenterent de jeter l'ancre près de la batterie, et, lorsque la nuit fut venue, de nous canonner : nous attendîmes la lune; et dès qu'elle nous eût assurés de leur position, nous commençâmes à leur répondre d'une maniere apparemment si avantageuse, qu'au quatrieme coup de canon ils couperent les cables, laisserent leur ancre, et disparurent.

Après avoir traversé la bouche du lac en suivant deux sinus bordés de monticules sablonneux, j'arrivai enfin au faubourg d'Aboukir, qui ressemble beaucoup à la ville, dont il est séparé par un espace de cent cinquante pas : les deux ensemble peuvent être composés de quarante à cinquante mauvaises baraques en ruines, qui coupent en deux parties la presqu'isle, au bout de laquelle est bâti le château : cette forteresse a quelque apparence de loin (*voyez-en la vue, n° 3, pl.* XV); mais les bastions s'en écrouleroient au troisieme coup de coulevrines qui sont sur les remparts, où elles semblent moins braquées qu'oubliées ; il y en a une en bronze de quinze pieds, portant boulet de cinquante livres. Il a fallu jeter bas une partie des batteries pour former avec les décombres une plate-forme assez solide pour y placer quatre de nos canons de 36 : cette précaution ne me parut pas d'une grande utilité, les bâtiments et embarcations susceptibles de porter du canon à battre des murailles ne pouvant s'approcher de ce promontoire à cause des ressifs et des rochers qui le couronnent. Une descente hostile ne se feroit pas là ; et, une fois effectuée, le château ne pourroit tenir, et ne pourroit même servir de logement ou de magasin que dans le cas où l'on construiroit en avant des lignes pour en défendre l'approche ; mais en tout il me parut qu'il seroit préférable de détruire le château, de combler les fontaines, d'épargner ainsi une garnison, inutile quand il n'y a point d'ennemi, et qui doit être toujours bloquée ou prisonnière de guerre dès l'instant qu'il aura pu effectuer une descente.

Je fis le dessin à vol d'oiseau de la presqu'isle (*n°* 4, *planche* XV).

Je trouvai dans l'embrasure de la porte du château quatre grandes pierres de porphyre d'un verd foncé, et deux pierres longues de granit statuaire le plus compacte; à la seconde porte, je trouvai, avec quatre autres pierres, un membre d'entablement dorique, portant des triglyphes d'une grande proportion et d'une belle exécution : ces fragments, avec quelques traces de substructions à la pointe du rocher, sont les seules antiquités que j'aie pu découvrir à Aboukir, dont l'emplacement n'a jamais pu changer, puisque le sol est une plate-forme calcaire qui s'élève au-dessus de la mer, et n'est attachée à la terre que par un isthme trop étroit pour qu'une ville considérable y ait été bâtie : ce n'a donc jamais pu être que le fort ou le château en mer de Canope ou d'Héraclée, que Strabon place là ou près de là. J'avois passé devant des fontaines une demi-lieue avant d'arriver à Aboukir; on me vanta leur construction : j'y retournai; je ne trouvai que trois puits carrés de fabrique arabe; ils sont entourés de hauteurs qui contiennent certainement des ruines contre lesquelles est amoncelée une quantité immense de tessons de pots de terre cuite, mêlés aux sables du désert apportés par le vent. Sont-ce des tours arabes enfouies? étoient-ce des fabriques de pots? sont-ce les ruines d'Héraclée? quelques morceaux de granit sur la plate-forme de la plus grande éminence me feroient préférer cette derniere opinion.

Le lendemain, je longeai, avec un détachement, la côte de l'ouest, interrogeant toutes les sinuosités et les plus petites éminences; car, dans la basse Égypte, elles recelent toutes les antiquités, lesquelles en sont presque toujours le noyau. Après trois quarts-d'heure de marche, je trouvai dans le fond de la seconde anse une petite jetée formée de débris colossals: quel plaisir j'éprouvai en appercevant d'abord un fragment d'une main, dont la premiere phalange, de quatorze pouces, appartenoit à une figure de trente-six pieds de proportion! le granit, le travail et le style de ce morceau, ne me laisserent nul doute qu'il ne remontât aux anciennes époques égyptiennes ; au mouvement de cette main, à quelque autre débris qui l'avoisine, et d'après la seule habitude de voir des figures égyptiennes, dont la pose offre si peu de variété, on peut reconnoître dans ce fragment une Isis tenant un nilometre : il seroit facile d'emporter ce morceau ; mais déplacé il perdroit presque tout son prix. Près de là plusieurs membres d'architecture attestent par leur dimension qu'ils ont appartenu à un grand et bel édifice d'ordre dorique : les vagues couvrent et frappent depuis bien des siecles ces débris sans les avoir défigurés : il semble que c'est le sort attaché à tous les monuments égyptiens de résister également aux hommes et au temps. Plus avant dans la mer, on voit mêlé aux fragments du colosse celui d'un sphinx, dont la tête et les jambes de devant sont tronquées, autant que les madrepores et les petits coquillages ont pu m'en laisser juger ; il est d'un style et d'un ciseau grecs et n'est point de granit, mais d'un grès ressemblant au marbre blanc, et d'une transparence que je n'ai jamais vue qu'en Égypte à cette matiere; il avoit treize à quatorze pieds de proportion. A quelque distance, au milieu des débris d'entablements semblables à ceux que j'ai décrits, est une autre figure d'Isis, assez conservée pour qu'on puisse en reconnoître la pose; ses jambes sont rompues; mais le morceau est à côté : cette figure est en granit, et a dix pieds de proportion. Tous ces débris semblent avoir été mis là pour former une jetée, et servir de brisant devant un édifice détruit, mais qui, à en juger par ses substructions, ne peut être que le reste d'un bain pris sur la mer, et dont le rocher coupé trace encore le plan. La partie que ne couvre pas la mer conserve des conduits d'eau bâtis en briques, et recouverts en ciment et en pozzolane. Tout cela n'ayant pas assez de saillie pour en faire un dessin qui fût une vue, j'en ai tracé une espece de plan pittoresque qui donnera l'image des ruines et des fragments que je viens de décrire (*voyez planche* VIII, n° 2).

A quatre cents toises de là, en rentrant dans les terres, toujours tirant sur Alexandrie, on trouve plusieurs substructions construites en briques, et, quoiqu'on n'en puisse pas faire de plan, on juge, par quelques fragments de constructions soignées, qu'elles faisoient partie d'édifices importants. Près de là on trouve plusieurs chapiteaux corinthiens en marbre, trop frustes pour être mesurés, mais qui doivent avoir appartenu à des bases de même matiere, et qui donnoient à la colonne vingt pouces de diametre. Plus loin, une grande quantité de tronçons de colonnes de granit rose, cannelés, tous de même grosseur, de même matiere, travaillés avec le même soin, sont les incontestables ruines d'un grand et superbe temple d'ordre dorique. D'après ce que nous a transmis Strabon sur cette partie de l'Égypte, d'après tout ce que je viens de décrire, et notamment ces derniers fragments, il ne me resta aucun doute que ce ne fussent là les ruines de Canope, et celles de son temple bâti par les Grecs, dont le culte rivalisoit avec celui de Lampsaque; ce temple miraculeux où les vieillards retrouvoient la jeunesse, et les malades, la santé. Le bain dont j'ai donné la vue étoit peut-être un des moyens que les prêtres employoient pour opérer ces prodiges.

Le sol n'a rien conservé de l'antique volupté canopite; quelques éminences de sables et des ruines en brique, de grandes pierres de granit carrées, sans hiéroglyphes ni formes qui attestent à quel genre d'édifice et à quel siecle elles ont appartenu, enfin de petites vallées, aussi arides que les monticules dont elles sont formées, sont tout ce qui reste de cette ville, jadis si délicieuse, et qui n'offre plus qu'un aspect triste et sauvage. Il est vrai que le canal dont parle Strabon, qui communiquoit d'Alexandrie à Éleusine, et qui par un embranchement arrivoit à Canope, et y apportoit la fraîcheur, a disparu de telle sorte qu'on ne peut en distinguer la trace, ni même concevoir la possibilité de son existence. Il ne reste d'eau aux environs que dans quelques puits, ou citernes si étroites et si obscures, qu'on ne peut en mesurer ni les dimensions ni la profondeur; elles recelent cependant encore de l'eau. Enfin cette ville, qui rassembloit toutes les délices, où affluoient tous les voluptueux, n'est plus maintenant qu'un désert que traversent quelques chacals et des Bédouins : je n'y trouvai point des derniers; mais je vis un chacal, que j'eusse pris pour un chien, si je n'avois eu le temps d'examiner très distinctement son nez pointu et ses oreilles dressées, sa queue plus longue, traînante, et garnie de poil comme celle du renard, à qui il ressemble beaucoup plus qu'au loup, quoique le chacal soit regardé comme le loup d'Afrique.

Ne pouvant abuser de l'escorte qui m'avoit accompagné, je repris la route d'Aboukir : j'y trouvai des dépêches pour le général en chef; on alloit expédier un détachement pour les porter : je ne pus me défendre du plaisir que me faisoit éprouver l'occasion qui s'offroit de quitter un lieu si triste. Pendant le séjour que j'y avois fait, je n'avois jamais pu éloigner de ma pensée que ce château étoit une prison d'état dans laquelle j'étois relégué. Ce rocher exigu, battu continuellement des vagues, le bruit importun qui en résulte, le sifflement des vents, la blancheur du sol qui fatigue la vue, tout dans ce triste séjour afflige et flétrit l'ame : en le quittant, il me sembla que j'échappois à tous les tourments d'une tyrannique captivité.

Je me mis en route par une nuit obscure; j'en fus quitte pour marcher dans la mer, m'écorcher dans les halliers, et tomber par fois dans les débris épars sur le rivage; mais à trois heures du matin j'arrivai à Rosette, et j'allai me reposer voluptueusement, je ne dirai pas dans mon lit, je n'en avois pas vu depuis mon départ de France, mais dans une chambre fraîche, sur une natte propre.

Le jour de l'anniversaire de la naissance de Mahomet étoit arrivé : nous vîmes avec surprise qu'on ne faisoit aucun préparatif pour célébrer cette fête, la plus solennelle de l'année hégirienne. Vers le soir, le général Menou envoya chercher le moufti, dont notre arrivée avoit augmenté les honneurs et les honoraires ; ses réponses furent évasives : les autres municipaux questionnés dirent qu'ils avoient proposé les préparatifs d'usage, mais que ne pouvant agir qu'en second dans une chose qui étoit du département de leur collegue le moufti, ils avoient été obligés d'attendre des ordres à cet égard. Le prêtre fut dévoilé : courtisan, il demandoit et obtenoit chaque jour une nouvelle faveur ; mais l'occasion s'étant présentée de faire croire au peuple que nous nous opposions à ce qui étoit un des actes les plus sacrés de son culte, il l'avoit saisie ; il fut déjoué à la maniere orientale : on lui signifia qu'il falloit que la fête eût lieu à l'instant. Sur l'observation que l'on n'auroit jamais assez de temps pour faire les préparatifs, le général lui dit que si ce qui restoit de temps ne suffisoit pas pour ordonner la fête, il suffiroit pour conduire le moufti aux fers. La fête fut proclamée dans un quart-d'heure : la ville fut illuminée, et les chants de piété furent unis à ceux de l'alégresse et de la reconnoissance.

Après souper, nous fûmes invités à nous rendre dans le quartier du premier magistrat civil, où nous trouvâmes dans la rue tout l'appareil d'une fête turque : la rue étoit la salle d'assemblée, qui s'alongeoit ou se raccourcissoit suivant le nombre des assistants. Une estrade couverte de tapis fut occupée par les personnes distinguées; des feux, joints à une quantité de petites lampes et de grands cierges, formoient une bizarre illumination : d'un côté, il y avoit une musique guerriere, composée de petits hautbois courts et criards, de petites timballes, et de grands tambours albanois; de l'autre, étoient des violons, des chanteurs; et au milieu, des danseurs grecs, des serviteurs chargés de confitures, de café, de sirop, d'eau de rose, et de pipes : tout cela complétoit l'appareil de la fête.

Dès que nous fûmes placés, la musique guerriere commença : une espece de coryphée jouoit deux phrases de musique

que les autres répétoient en chœur à l'unisson ; mais, soit faute de mouvement dans l'air, soit manie de le broder, la seconde mesure étoit déja une cacophonie aussi désagréable pour des oreilles bien organisées qu'enchanteresse pour celles des Arabes. Ce que je remarquai, c'est que le coryphée reprenoit toujours le même chant avec l'importance et l'enthousiasme d'un improvisateur inspiré, et, quand ses nerfs sembloient ne pouvoir plus supporter l'exaltation de l'expression qu'il vouloit y mettre, le chœur venoit à son secours, et toujours avec la même dissonance ; les violons, plus supportables, jouoient ensuite des refrains, où un peu de mélodie étoit noyé dans des ornements superflus. La voix nasarde d'un chanteur inspiré venoit ajouter encore à la fastidieuse mollesse des semi-tons du violon, qui, évitant sans cesse la note du ton, tournoit autour de la seconde, et terminoit toujours par la sensible, comme dans les seguidilles espagnoles. Ceci pourroit servir à prouver que le séjour des Arabes en Espagne y a naturalisé ce genre de chant. Après le couplet, le violon reprenoit le même motif avec de nouvelles variations, que le chanteur déguisoit de nouveau par un mouvement pointé, jusqu'à faire perdre entièrement le motif, et n'offrir plus que le délire d'une expression sans principe et sans rhythme; mais c'étoit là ce qui ravissoit toujours de plus en plus les auditeurs. La danse, qui suivit, fut du même genre que le chant ; ce n'étoit ni la peinture de la joie ni celle de la gaieté, mais celle d'une volupté qui arrive très rapidement à une lasciveté d'autant plus dégoûtante, que les acteurs, toujours masculins, expriment de la manière la plus indécente les scenes que l'amour même ne permet aux deux sexes que dans l'ombre du mystere.

De petites affaires éloignoient sans cesse notre grande tournée, et retardoient ce qui faisoit l'objet de mon voyage. Obligé de rapprocher mes observations autour de moi, je remarquai combien, dans la variété des figures, il étoit facile de distinguer les races des individus qui composoient la population de Rosette; je pensai que cette ville, entrepôt de commerce, devoit naturellement rassembler toutes les nations qui couvrent le sol de l'Égypte, et devoit les y conserver plus séparées et plus caractérisées que dans une grande ville, comme le Caire, où le relâchement des mœurs les croise et les dénature. Je crus donc reconnoître évidemment dans les Cophtes l'antique souche égyptienne, espece de Nubiens basannés, tels qu'on en voit les formes dans les anciennes sculptures : des fronts plats, surmontés de cheveux demi-laineux; les yeux peu ouverts, et relevés aux angles; des joues élevées; des nez plus courts qu'épatés; la bouche grande et plate, éloignée du nez et bordée de larges levres; une barbe rare et pauvre; peu de grace dans le corps; les jambes arquées et sans mouvement dans le contour, et les doigts des pieds alongés et plats. Je dessinai la tête de plusieurs individus de cette race (n° 2 et 3, pl. CVIII): le premier étoit un prêtre ignorant et ivrogne; le second, un calculateur adroit, fin et délié: ce sont les qualités morales qui caractérisent ces anciens maîtres de l'Égypte. On peut assigner la premiere époque de leur dégradation à la conquête de Cambyse, qui, vainqueur jaloux et furieux, régna par la terreur, changea les lois, persécuta le culte, mutila ce qu'il ne put détruire, et, voulant asservir, avilit sa conquête : la seconde époque fut la persécution de Dioclétien, lorsque l'Égypte fut devenue catholique; cette persécution, que les Égyptiens reçurent en martyrs fideles, les prépara tout naturellement à l'asservissement des Mahométans. Sous le dernier gouvernement, ils s'étoient rendus les courtiers et les gens d'affaires des beys et des kiachefs; ils voloient tous les jours leurs maîtres; mais ce n'étoit là qu'une espece de ferme, parcequ'une avanie leur faisoit rendre en gros ce qu'ils avoient amassé en détail; aussi employoient-ils encore plus d'art à cacher ce qu'ils avoient acquis, qu'ils n'avoient mis d'impudeur à l'acquérir.

Après les Cophtes viennent les Arabes,

les plus nombreux habitants de l'Égypte moderne. Sans y avoir plus d'influence, ils semblent être là pour peupler le pays, en cultiver les terres, en garder les troupeaux, ou en être eux-mêmes les animaux : ils sont cependant vifs et pleins de physionomie ; leurs yeux, enfoncés et couverts, sont étincelants de mouvement et de caractere ; toutes leurs formes sont anguleuses ; leur barbe courte et à meches pointues ; leurs levres minces, ouvertes, et découvrant de belles dents ; les bras musclés ; tout le reste plus agile que beau, et plus nerveux que bien conformé. C'est dans la campagne, et sur-tout chez les Arabes du désert que se distinguent les traits caractéristiques que je viens d'énoncer. Il faut cependant en distinguer trois classes bien différentes : l'Arabe pasteur, qui semble être la souche originelle, et qui ressemble au portrait que je viens de faire, et les deux autres qui en dérivent ; l'Arabe bédouin, auquel une indépendance plus exaltée et l'état de guerre dans lequel il vit donnent un caractere de fierté sauvage, que l'on peut remarquer dans la figure n° 2, *pl.* CIX (celui-ci étoit un chef de tribu, que je dessinai au moment où il venoit d'être pris et où il croyoit qu'on alloit lui couper la tête); et l'Arabe cultivateur, le plus civilisé, le plus corrompu, le plus asservi, le plus avili par conséquent, le plus varié de forme et de caractere, comme on peut le remarquer dans les têtes des cheihks ou chefs de village, les fellahs ou paysans, les boufackirs ou mendiants, enfin dans les manœuvres, qui forment la classe la plus abjecte (*voyez planche* IX., n° 1; *pl.* CVII, n° 5; *pl.* CVI, n° 1, *et l'explication des planches*).

Les Turcs ont des beautés plus graves avec des formes plus molles; leurs paupieres épaisses laissent peu d'expression à leurs yeux; le nez gras, de belles bouches bien bordées, et de longues barbes touffues, un teint moins basané, un cou nourri, toute l'habitude du corps grave et lourde, en tout une pesanteur, qu'ils croient être noblesse, et qui leur conserve un air de protection, malgré la nullité de leur autorité. A parler en artiste, on ne peut faire de leur beauté que la beauté d'un Turc (*voyez planche* CVII, *n°* 3). Il n'en est pas de même des Grecs, qu'il faut déja classer au nombre des étrangers formant des especes de colleges séparés des indigenes (*voyez planche* CX, *n°* 2); leurs belles projections, leurs yeux pleins de finesse et d'esprit, la délicatesse et la souplesse de leurs traits et de leur caractere, rappellent tout ce que notre imagination se figure de leurs ancêtres, et tout ce que leurs monuments nous ont transmis de leur élégance et de leur goût. L'avilissement où on les a réduits, par la peur qu'inspire encore la supériorité de leur esprit, a fait d'un grand nombre d'eux d'astucieux frippons ; mais rendus à eux-mêmes, ils arriveroient peut-être bientôt jusqu'à n'être plus, comme autrefois, que d'adroits ambitieux. C'est la nation qui desire le plus vivement une révolution, de quelque part qu'elle vienne. Dans une cérémonie (c'étoit la premiere prise de possession de Rosette) un jeune Grec s'approcha de moi, me baisa l'épaule, et, le doigt sur ses levres, sans oser proférer une parole, me glissa mystérieusement un bouquet qu'il m'avoit apporté : cette seule démonstration étoit un développement tout entier de ses sensations, de sa position politique, de ses craintes, et de ses espérances. Ensuite viennent les Juifs, qui sont en Égypte ce qu'ils sont par-tout, haïs, sans être craints; méprisés et sans cesse repoussés, jamais chassés; volant toujours, sans devenir très riches, et servant tout le monde en ne s'occupant que de leur propre intérêt. Je ne sais si c'est parcequ'ils sont plus près de leur pays que leur caractere physique est plus conservé en Égypte, mais il m'a paru frappant : ceux qui sont laids ressemblent aux nôtres; les beaux, sur-tout les jeunes, rappellent le caractere de tête que la peinture a conservé à Jésus-Christ; ce qui prouveroit qu'il est de tradition, et n'a pas pour époque le quatorzieme siecle et le renouvellement des arts. Voyez la tête que j'ai dessinée (*planche* CX, n°. 2);

c'est celle d'un jeune Juif de Jérusalem : ce portrait peut venir à l'appui de mon observation. Les Juifs disputent aux Cophtes, dans les grandes villes d'Égypte, les places dans les douanes, les intendances des riches, enfin tout ce qui tient aux calculs et aux moyens d'amasser et de cacher une fortune bien ou mal acquise.

Une autre race d'hommes, nombreuse en individus, a des traits caractéristiques très prononcés : ce sont les Barabras ou gens d'en-haut, qui sont des habitants de la Nubie, et des frontieres de l'Abyssinie. Dans ces climats brûlants, la nature avare leur a refusé tout superflu ; ils n'ont ni graisse ni chair, mais seulement des nerfs, des muscles et des tendons, plus élastiques que forts ; ils font par activité et par lesteté ce que les autres font par puissance ; il semble que l'aridité de leur sol ait pompé la portion de substance que la nature leur devoit ; leur peau luisante est d'un noir transparent et ardent, semblable absolument à la patine des bronzes de l'autre siecle : ils ne ressemblent point du tout aux Negres de l'ouest de l'Afrique; leurs yeux sont profonds et étincelants, sous un sourcil surbaissé; leurs narines larges, avec le nez pointu, la bouche évasée sans que les levres soient grosses, les cheveux et la barbe rares et par petits flocons: ridés de bonne heure, et restant toujours agiles, l'âge ne se prononce chez eux qu'à la blancheur de la barbe; tout le reste du corps est grêle et nerveux: leur physionomie est gaie; ils sont vifs et bons: on les emploie le plus ordinairement à garder les magasins, et les chantiers de bois: ils se vêtissent d'une piece de laine blanche, gagnent peu, se nourrissent de presque rien, et restent attachés et fideles à leur maîtres (*voyez pl.* CVII, n°. 4).

Le pélerinage de la Mekke fait traverser l'Égypte à toutes les nations de l'Afrique qui sont désignées sous le nom de Maugrabins, ou gens de l'ouest. C'étoit le moment du retour de la caravane: Bonaparte, qui avoit fait tous ses efforts pour la faire arriver complete au Caire, n'avoit pu empêcher Ibrâhim-bey, qui se sauvoit en Syrie, d'arriver avant lui dans le désert, et d'attaquer la caravane à Belbeis, d'en partager les trésors avec les Arabes et l'émir Adgis, qui devoient la protéger. Ibrâhim-bey ne laissa passer jusqu'à nous que les dévots mendiants, qui nous arriverent par pelotons de deux à trois cents, composés de toutes les nations d'Afrique, depuis Fez jusqu'à Tripoli : ils étoient dans un tel état de fatigue qu'ils se ressembloient tous; aussi maigres que les pays qu'ils venoient de traverser sont arides, ils étoient aussi exténués que des prisonniers qu'on auroit oubliés dans les fers. C'est l'impulsion, c'est le ressort de l'opinion qui rend sans doute l'homme le plus fort de tous les animaux : quand on pense à l'espace que viennent de parcourir ces pélerins, à tout ce qu'ils ont eu à souffrir dans cette immense et terrible traversée, on reste convaincu qu'un but moral peut seul faire affronter tant de fatigues si douloureuses, que l'enthousiasme d'un sentiment pieux, que la considération attachée au titre d'adgis ou *pélerins*, que portent avec orgueil ceux qui font le voyage de la Mecke, sont les leviers qui peuvent seuls mouvoir l'indolence orientale, et la porter à une telle entreprise ; il faut y ajouter cependant le droit que s'arrogent les adgis de conter et faire croire le reste de leur vie aux autres musulmans tout ce qu'ils ont pu voir, et tout ce qu'ils n'ont pas vu. Ne pourrois-je pas être accusé d'un peu d'*adgisme*, dans le voyage que j'entreprends, et de braver des difficultés pour faire partager mon enthousiasme? mais ma propre curiosité rassure ma conscience ; j'ai pour moi auprès des autres le peu de séduction de mon style, et la naïveté de mes dessins ; et si tout cela ne suffit pas pour me cautionner, on pourra quelque jour ajouter ma figure desséchée à celles des deux adgis que je donne ici (*planche* CVII, *n°* 2).

On nous avoit aussi envoyé quatorze Mamelouks prisonniers, dont sans doute le quartier-général ne savoit que faire : je fus curieux de les observer, sans réfléchir que ce n'est point une nation, mais un ramassis de gens de tous les pays : aussi, dans le petit nombre de ceux qui nous arrivoient, je n'en trouvai pas un qui eût une physionomie assez caractérisée pour mériter d'être dessiné : il y avoit cependant des Mingreliens et des Géorgiens ; mais, soit que la nature les eût déshérités de ce qu'elle a départi de beauté à leur contrée, soit que les femmes en soient dotées plus avantageusement, j'attendis que d'autres individus m'en offrissent des traits plus caractéristiques. J'ajournai aussi le plaisir de dessiner des Égyptiennes au moment où notre influence sur les mœurs de l'orient pourroit lever le voile dont elles se couvrent : mais quand même, ce qui n'est pas à présumer, les hommes nous sacrifieroient leur préjugés sur cet article, la coquetterie des vieilles, plus scrupuleuses sur tout ce qui tient à l'honneur, exigeroit encore long-temps de leurs jeunes compagnes l'austérité dont elles furent victimes dans leur bel âge. Ce que j'ai pu remarquer, c'est que les filles qui ne sont point nubiles, et pour lesquelles la rigueur n'existe pas encore, retracent assez en général les formes des statues égyptiennes de la déesse Isis : les femmes du peuple, qui ont plus soin de se cacher le nez et la bouche que toutes les autres parties du corps, découvrent à tout moment, non des attraits, mais quelques beaux membres dispos, conservant un à-plomb plus leste que voluptueux : dès que leurs gorges cessent de croître elles commencent à tomber, et la gravitation est telle qu'il seroit difficile de persuader jusqu'où quelques unes peuvent arriver : leur couleur, ni noire ni blanche, est basanée et terne : elles se tatouent les paupières et le menton sans que cela produise un grand effet : mais je n'ai pas encore vu de femmes porter plus élégamment un enfant, un vase, des fruits, et marcher d'une manière plus leste et plus assurée. Leur draperie longue ne seroit pas sans noblesse, si un voile en forme de flamme de navire, qui part des yeux et pend jusqu'à terre, n'attristoit tout l'ensemble du costume jusqu'à le faire ressembler au lugubre habit de pénitent.

 Un homme riche du pays qui m'avoit quelques obligations voulut m'en témoigner sa reconnoissance en m'invitant chez lui : vu mon âge et ma qualité d'étranger, il crut qu'il pouvoit, pour me fêter mieux, me faire déjeûner avec son épouse. Elle étoit mélancolique et belle : le mari, négociant, savoit un peu d'italien, et nous servoit d'interprete : sa femme, éblouissante de blancheur, avoit des mains d'une beauté et d'une délicatesse extraordinaires; je les admirai, elle me les présenta : nous n'avions pas grand'chose à nous dire ; je caressois ses mains ; elle, très embarrassée de ce qu'elle feroit ensuite pour moi, me les laissoit, et moi je n'osois les lui rendre dans la crainte qu'elle crût que je m'en étois lassé : je ne sais comment cette scène eût fini, si, pour nous tirer d'embarras, on ne nous eût apporté les rafraîchissements ; on les lui remettoit, et elle me les offroit d'une maniere toute particuliere, et qui avoit une sorte de grace. Je crus appercevoir que son insouciante mélancolie n'étoit qu'un air de grande dame qui, selon elle, devoit la rendre supérieure à toutes les magnificences dont elle étoit entourée et couverte. Avant de la quitter, j'en fis rapidement le petit dessin gravé dans la *planche* LXXXIII, n° 1; celle, planche LXXIV, n° 1, étoit une naturelle du pays, qu'avoit épousée un Franc: elle parloit italien, elle étoit douce et belle, elle aimoit son mari; mais il n'étoit pas assez aimable pour qu'elle ne pût aimer que lui : jaloux, il lui suscitoit à tout moment de bruyantes querelles; soumise, elle renonçoit toujours à celui qui avoit été l'objet de sa jalousie; mais le lendemain nouveau grief; elle pleuroit encore, se repentoit; et cependant son mari avoit toujours quelque motif de gronder. Elle demeuroit vis-à-vis de mes fenêtres; la rue étoit étroite, et par cela même j'étois tout naturellement devenu le confident et le témoin de ses chagrins. La peste se déclara dans la ville : ma voisine étoit si communicative qu'elle devoit la prendre et la donner ; effectivement elle la prit de son dernier amant, la donna fidèlement à son mari, et ils moururent tous trois. Je la regrettai ; sa singuliere bonté, la naïveté de ses désordres, la sincérité de ses regrets, m'avoient intéressé, d'autant que, simple confident, je n'avois à la quereller ni comme mari ni comme amant, et qu'heureusement je n'étois point à Rosette lorsque la peste désola ce pays.

Nous partîmes enfin pour le Delta, pour cette tournée si long-temps attendue, où nous allions fouler un terrain neuf pour tout Européen, et même pour tous autres que les habitants ; car les Mamelouks alloient rarement jusqu'au centre du Delta se faire payer le miri, ou organiser les avanies. Nous partîmes le 24 fructidor après-midi ; nous traversâmes le Nil en bateau, le général Menou, le général Marmont, une douzaine de savants ou artistes, et un détachement de deux cents hommes d'escorte. On avoit cru tout prévoir, et ce que l'on avoit oublié étoit l'essentiel. Les chevaux que nous devions monter n'avoient de la race arabes que les vices; les voyageurs, qui n'étoient point écuyers, et qui n'avoient que l'alternative d'un cheval sans bride ou d'un âne sans bât, hésitoient s'ils se mettroient en route, ou renonceroient à un voyage qu'ils avoient desiré si ardemment et commencé avec tant d'enthousiasme : cependant peu-à-peu tout s'arrangea, et nous nous mîmes en marche. Nous traversâmes les villages de Madie, Elyeusera, Abougueridi, Melahoué, Abouserat, Ralaici, Bereda, Ekbet, Estaone, Elbat, Elsezri, Souffrano, Elnegars, Madie-di-Berimbal; et nous arrivâmes à Berimbal à la nuit fermée. Je place ici la nomenclature peu intéressante de tous ces villages, pour donner une idée de la population de quatre lieues de pays, et de l'abondance d'un sol qui nourrit tant d'habitants et porte tant d'habitations, sans compter ce qu'il fournit au possesseur titulaire, qui pour le plus souvent fait sa résidence dans la capitale. A Madie-di-Berimbal nos chameaux tomberent dans le canal; nous ne fûmes rassemblés qu'à minuit : on ne nous attendoit plus ; nos hardes et nos provisions étoient toutes mouillées : après un souper difficile à obtenir nous nous couchâmes comme nous pûmes vers les deux heures du matin. Le lendemain, après nous être séchés, nous nous rendîmes à Métubis en deux heures de marche, rencontrant autant de villages que la veille.

Le général avoit un travail à faire avec les cheikhs des environs, un éclaircissement à prendre, et une explication à avoir sur des fautes passées (*voyez planche* LXXVIII, n° 1) : il fut résolu que nous ne nous mettrions en route que le lendemain ; Métubis offroit d'ailleurs sous quelques rapports un aliment à la curiosité : il est possible d'abord qu'elle ait été bâtie sur les ruines de l'antique Métélis ; et, d'un autre côté, par la licence connue et permise de ses mœurs, elle a succédé à Canope, et a la même réputation. Nos recherches furent vaines quant aux antiquités ; tout ce que nous y trouvâmes de granit étoit employé à moudre le grain, et paroissoit y avoir été apporté d'autre part pour être consacré à cet usage : on nous parloit de ruines au sud-est, à une lieue et demie ; il étoit tard, notre intérêt se reporta sur l'autre curiosité ; nous demandâmes en conséquence aux cheikhs de nous faire amener des almés, qui sont des especes de bayaderes semblables à celles des Indes : le gouvernement du pays, des revenus duquel elles faisoient peut-être partie, mettoit quelque difficulté à leur permettre de venir ; souillées par les regards des infideles, elles pouvoient diminuer de réputation, perdre même leur état : ceci peut donner la mesure de l'abjection d'un Franc dans l'esprit d'un Musulman, puisque ce qu'il y a de plus dissolu chez eux peut encore être profané par nos regards ; mais quelques vieux torts à réparer, la présence d'un général, et sur-tout de deux cents soldats, leverent les obstacles : elles arriverent, et ne nous laisserent point appercevoir qu'elles eussent partagé les considérations politiques et les scrupules religieux des cheikhs. Elles nous disputerent cependant avec assez de grace ce que nous aurions pu croire devoir être les moindres faveurs, celles de découvrir leurs yeux et leur bouche, car le reste fut livré comme par distraction, et bientôt on ne pensa plus avoir quelque chose à nous cacher, tout cela cependant à travers des gazes colorées et des ceintures mal attachées, qu'on raccommodoit négligemment avec une folie qui n'étoit pas sans agrément, et qui me parut un peu française. Elles avoient amené deux instruments, une musette, et un tambour, fait avec un pot de terre, que l'on battoit avec les mains : elles étoient sept ; deux se mirent à danser, les autres chantoient avec accompagnement de castagnettes, en forme de petites cymbales de la grandeur d'un écu de six livres : le mouvement par lequel elles les choquoient l'une contre l'autre donnoient infiniment de grace à leurs doigts et à leurs poignets. Leur danse fut d'abord voluptueuse ; mais bientôt elle devint lascive : ce ne fut plus que l'expression grossiere et indécente de l'emportement des sens ; et ce qui ajoutoit au dégoût de ces tableaux, c'est que dans les moments où elles conservoient le moins de retenue un des deux musiciens dont j'ai parlé venoit, avec l'air bête du Gilles de nos parades, troubler d'un gros rire la scene d'ivresse qui alloit terminer la danse.

Elles buvoient de l'eau-de-vie à grands verres comme de la limonnade ; aussi, quoique toutes jolies et jeunes, elles étoient fatiguées et flétries, excepté deux, qui ressembloient en beau d'une maniere si frappante à deux de nos femmes célebres de Paris, que ce ne fut qu'un cri lorsqu'elles se découvrirent le visage : la grace est tellement un pur don de la nature que Josephina et Hanka, qui n'avoient reçu d'autre éducation que celle réservée au plus infâme métier dans la plus corrompue des villes, avoient, lorsqu'elles ne dansoient plus, toute la délicatesse des manieres des femmes à qui elles ressembloient, et la caressante et douce volupté qu'elles réservent sans doute pour ceux à qui elles prodiguent leurs secretes faveurs. Je l'avouerai, j'aurois voulu que Josephina ne se fût pas permis de danser comme les autres (*voy. planche* CXII, n° 2). Quoique la scene qui est représentée dans cette planche ne soit pas celle qui vient d'être décrite, elle peut faire connoître la danse des almés.

Malgré la vie licencieuse des almés, on les fait venir dans les harems pour instruire les jeunes filles de tout ce qui peut les rendre plus agréables à leurs maris ; elles leur donnent des leçons de danse, de chant, de grace, et de toutes sortes de recherches voluptueuses. Il n'est pas étonnant qu'avec des mœurs où la volupté est le principal devoir des femmes, celles qui font profession de galanterie soient les institutrices du beau sexe : elles sont admises dans les fêtes que se donnent les grands entre eux ; et lorsqu'un mari veut bien quelquefois réjouir l'intérieur de son harem, il les fait aussi appeler. C'est ce qui fait le sujet de la planche CXII.

Le lendemain l'antiquité eut son tour. Nous allâmes à Qoùm-êl-Hhamar, c'est-à-dire la *Montagne-Rouge*, nom qui vient sans doute du monticule de brique de cette couleur dont cette ruine est formée : elle ne conserve aucun caractere ; ce peut être celle d'une ville antique sans monuments, comme celle d'un village moderne, rebelle aux Mamelouks, et détruit par eux : nous ne trouvâmes aucun vestige d'antiquité, malgré le desir de Dolomieu et le mien d'y reconnoître l'ancienne Métélis, capitale du nome de ce nom. Le pays que nous découvrîmes à la partie orientale au-delà de Comé-Lachma jusqu'au lac Bérélos n'étoit qu'un marais inculte. Nous vînmes dîner à Sindion, et coucher à Foua. Le lendemain nous allâmes à El-Alavi, à Thérafa : nous quittâmes la route pour aller au nord-est visiter des ruines considérables, appelées encore pour la même raison Qoùm-Hhamar-êl-Médynéh ; étoit-ce Cabaza capitale du nome cabasite, ou la Naucratis qu'avoient bâtie les Mylésiens ? Nous ne fûmes pas plus heureux que la veille ; même nature de décombres ; car on ne peut pas donner un autre nom à ce nombre de tessons sans forme, à ces tas de briques dont il n'y avoit pas une d'entiere. Nous découvrîmes de là à-peu-près deux lieues carrées de terrains arides et incultes ; ce qui nous désenchanta un peu sur la fécondité général du sol du Delta. Si c'étoient là les ruines d'une des deux villes que je viens de nommer, leur situation étoit triste, et on peut assurer qu'elles ne possédoient aucun grand monument: quoique l'espace qu'elles occupoient fût considérable, on n'y distingue que quelques canaux d'irrigation, mais aucune trace d'un canal de navigation. Nous revînmes très peu satisfaits de nos recherches; nous n'avions pas même recueilli assez de renseignements pour nous aider à l'avenir dans celles que nous pourrions entreprendre. Nous avions quitté le détachement pour faire cette excursion : accompagnés seulement de quelques guides, nous cheminâmes en droite ligne sur Desouk, qui étoit notre rendez-vous; nous passâmes par Gabrith, village fortifié de murailles et de tours, particularité qui distingue ceux qui ne sont pas sur le bord du Nil au-delà de Foua. Le territoire étoit aussi moins cultivé ; le sol plus élevé et plus difficile à arroser avec des roues, attendoit l'inondation pour être semé en bled et en maïs, auxquels rien ne devoit succéder : dans les parties de terrain de cette nature, dès que les récoltes sont faites, la terre, abandonnée au soleil, se gerce, et n'offre plus à l'œil que l'image d'un désert. Nous traversâmes Salmie, où nous pûmes distinguer tous les désastres qu'avoit causés notre vengeance, sans pouvoir remarquer sur la physionomie des habitants qu'ils en eussent conservé quelque dangereux ressentiment ; je ne pouvois cependant me rappeler sans émotion que je me trouvois à-peu-près seul sur la même place où j'avois vu tomber quelques jours auparavant les principaux habitants du pays : nous étions ensemble comme des gens qui ont eu un procès, mais dont les comptes sont arrêtés. J'ai remarqué d'ailleurs que pour tout ce qui est des évènements de la guerre les orientaux n'en conservent point de rancune : ils ajoutèrent de bonne grace et fort loyalement un guide à celui qui nous conduisoit à Mehhâl-êl-Malek et au canal de Ssa'ïdy.

Le canal de Ssa'ïdy est assez grand pour porter des bateaux du Nil au lac de Bérélos : Desouk, village considérable, n'en est qu'à une demi-lieue ; une mosquée, révérée de tout l'orient deux fois dans l'année, y amene en dévotion deux cents mille ames : les almés s'y rendent de toutes les parties de l'Égypte ; et le plus grand miracle que fasse Ibrâhym, si révéré à Desouk, est de suspendre la jalousie des Musulmans pendant le temps de cette espece de fête, et d'y laisser jouir les femmes d'une liberté dont on assure qu'elles profitent dans toute l'extension imaginable.

On avoit préparé un palais, disoit-on, pour le général ; nous y fûmes tous logés : il consistoit en une cour ; une galerie ouverte, et une chambre qui ne fermoit pas (*voyez le déssin, planche* XVI, *n°* 6). J'ai pris le moment où le général Menou donne audience par la fenêtre aux principaux du pays assemblés dans la cour, tandis qu'on apporte le déjeûner qu'ils nous avoient fait préparer.

Le jour après devoit être consacré à visiter ce qui restoit de village du gouvernement du général Menou dans la province de Sharkié. Dans cette tournée nous devions passer à Sanhour-êl-Medin, où l'on nous avoit dit qu'il y avoit une quantité de ruines. Etoit-ce Saïs ? Toujours séduits, notre espoir s'étoit accru par le nom de êl-Medin, qui veut dire la grande, et qui pouvoit lui avoir été conservé à cause de son antiquité, ou de l'ancienne grandeur de Saïs, qui, selon Strabon, étoit la métropole de toute cette partie inférieure de l'Égypte. Nous traversâmes une grande plaine altérée qui attendoit d'heure en heure le Nil, qui arrivoit déja par mille rigoles.

Sanhour êl-Medin ne nous offrit encore que des dévastations, et pas une ruine qui eût une forme : le peu de fragments en grès et granit que nous rencontrâmes ne pouvoit nous attester que quelques siecles d'antiquité; nos recherches obstinées dans tous les environs furent également vaines : nous revînmes coucher à Desouk sans rien rapporter.

Le lendemain notre marche se dirigea au nord-est, et vers l'intérieur du Delta. Après avoir traversé de nouveau Sanhour-êl-Medin, nous passâmes de grands canaux de chargement, que nous jugeâmes, à la qualité des eaux, devoir prendre leurs sources au lac de Bérélos.

Au-delà de ces canaux nous trouvâmes le pays déja tout inondé, quoiqu'il fût élevé de quatre pieds plus haut que celui que nous venions de quitter : l'irrigation, dirigée et retenue par des digues sur lesquelles nous marchions alors, devoit les surpasser pour arroser à leur tour les terres que nous avions parcourues ; ces digues servoient de communication aux différents villages, qui s'élevoient au-dessus des eaux comme autant d'isles : cette circonstance détachant tous les objets, notre curiosité se flattoit de ne rien laisser échapper d'intéressant. On nous avoit promis des antiquités à Schaabas-Ammers : nous marchions sur ce village par une digue étroite qui partageoit, en serpentant, deux mers d'inondations ; nous avions devancé le détachement d'une lieue, pour avoir plus de temps à donner à nos observations : un guide à cheval, deux guides à pied, un jeune homme de Rosette, les deux généraux Menou et Marmont, un médecin interprete, un artiste dessinateur, et moi, formions le premier groupe en avant ; Dolomieu, tirant par la bride un cheval vicieux, et plusieurs serviteurs étoient restés à quelque distance en arriere : nous observions la position avantageuse et pittoresque de Kafr-Schaabas, faubourg en avant de Schaabas, lorsque tout-à-coup nous vîmes revenir à toute bride le médecin disant, *Ils nous attendent avec des fusils;* on nous crioit *Erga, En arriere.* Nos guides voulurent entrer en explication ; mais on répondit par une fusillade, qui heureusement, quoique faite de très près, n'atteignit aucun de nous : nous voulûmes parlementer de nouveau ; mais une seconde décharge nous apprit qu'il ne falloit pas laisser casser les jambes de nos chevaux qui étoient notre seule resssource. En nous retournant, nous apperçûmes une autre troupe armée qui, par un chemin couvert par l'eau, marchoit pour nous couper la seule route que nous pussions suivre. Dans ce moment le dessinateur, frappé de cette terreur funeste qui ôte toutes les facultés physiques et morales, se laisse tomber de son cheval sur lequel il ne pouvoit plus se tenir : en vain nous voulons le faire remonter, le prendre en croupe, où l'engager à empoigner la queue d'un de nos chevaux : son heure est sonnée, sa tête est perdue : il crie sans être maître d'un seul de ses mouvements, sans vouloir accepter aucun secours. Ceux qui avoient tiré sur nous s'avançoient ; pour prévenir d'être cernés, nous n'avions que le temps d'échapper au galop tout à travers les balles qui nous arrivoient de tous côtés : nous rencontrons le second groupe, et Dolomieu monté sur son cheval rétif et dont la bride s'étoit rompue ; il me reste heureusement assez de temps pour la lui rattacher : le hasard me paie aussitôt de ce service, car pendant le temps que je remonte à cheval je vois Dolomieu tomber dans un trou, où j'aurois été submergé, et d'où il parvint à se retirer, grace à sa taille gigantesque. Je prends un autre chemin, franchis une digue que nos ennemis avoient rompus; l'eau couvroit déja le terrain que nous avions traversé, et de toutes parts des courants le parcouroient dans tous les sens comme autant de torrents : dispersés, nous rejoignons chacun de notre côté le détachement, avec lequel nous revenons sur Kafr-Ammers, que dans notre colere nous croyions emporter d'un coup de main. Il étoit quatre heures après midi lorsque nous arrivâmes devant le village; quarante hommes retranchés dans un fossé firent feu sur nous, et nous manquerent; nous ne fûmes pas plus heureux dans la riposte : ils se retirerent cependant vers une autre troupe qui les attendoit sous les murailles; car nous apperçûmes alors que ce faubourg étoit une petite forteresse formée de quatre courtines avec quatre tours aux angles, à l'une desquelles étoit attaché un château; ce petit fort étoit séparé de Schaabas par un canal rempli d'eau, et une esplanade de mille toises. Le chef-lieu avoit arboré pavillon blanc; mais le faubourg continuoit de tirer sur nous : notre premiere attaque fut sans succès; l'officier chargé de la diriger, emporté par son cheval, étoit tombé dans l'eau, et sa troupe s'étoit débandée pour courir sur des habitants qui emportoient leurs effets : les deux généraux coururent pour remédier à ce désordre et rallier la troupe; nous fûmes par ce mouvement obligés de passer sous les tours et sous le feu de l'ennemi; plusieurs soldats furent tués ou blessés. Nous tournâmes la forteresse; une des tours n'avoit pas été armée, nous enfonçâmes une des portes de la ville qu'elle défendoit : trente soldats et le général entrerent; ce dernier et moi étions les deux seuls à cheval, et les maisons étoient si basses que nous nous trouvâmes le point de mire des trois côtés de la place : au même instant que j'avertissois le général Menou qu'on l'ajustoit, son cheval fut tué comme d'un coup de foudre, et par sa chûte le précipita dans un trou : je le crus mort; je lui portois des secours impuissants, lorsque le général Marmont et quelques volontaires vinrent m'aider à le tirer de là : le feu étoit violent de part et d'autre ; mais les assiégés étoient couverts, bien armés, et tiroient juste depuis qu'ils pouvoient poser leur fusil. Plusieurs morts et douze blessés nous obligerent à la retraite. Nous attaquâmes avec plus d'ordre la tour parallele à celle dont nous nous étions emparés : d'abord ils y perdirent plusieurs hommes et l'abandonnerent; on commença à mettre le feu aux maisons pour approcher du fort; huit des nôtres furent blessés à l'attaque de la porte; la position devenoit fâcheuse; nous avions laissé trente hommes à la garde des équipages, et il nous restoit peu de monde. A l'entrée de la nuit, les assiégés pousserent des cris affreux, auxquels les habitants des villages circonvoisins répondirent par des hurlements : bientôt des rassemblements s'avancerent ; nous entendions concerter les moyens de se joindre; nous les laissâmes approcher, et, après une décharge faite aux jugés, nous entendîmes les cris de guerre se changer en cris de douleur, et la retraite s'effectuer. Bientôt après il nous arriva une députation du village de Schaabas, qui fut suivie du cheikh lui-même avec les drapeaux : il nous dit que les gens à qui nous avions affaire étoient des brigands atroces avec lesquels nous ne devions pas espérer de traiter : un homme du pays, que nous avions délivré à Malte, lui servoit d'interprete; il nous dit en confidence que, si nous n'emportions pas la place dans la nuit, au jour nous ne serions pas assez de monde, que les gens des environs nous couperoient la retraite, et que nous serions tous tués. Pendant qu'il nous faisoit ce récit, sa belle physionomie étoit accompagnée d'un air de compassion si vrai, que, sans réfléchir autrement aux suites de ce qu'il nous annonçoit, par un instinct machinal, toujours étranger à toute circonstance, je me mis à dessiner sa tête, qui est celle n° 7, *planche* CVIII. Les avis du cheikh étoient d'autant mieux fondés qu'un nombre de blessés à transporter sur une chaussée étroite et rompue rendoit la retraite difficile à couvrir et à défendre. Pendant qu'on s'occupoit des moyens qui pouvoient être les moins désastreux pour sortir avant le jour de la position critique où nous nous trouvions, les assiégés feignirent dans les ténebres d'appeler et de recevoir des secours, firent un grand feu sur leur flanc qu'ils vouloient conserver, et, abandonnant aux flammes toutes leurs possessions, effectuerent leur retraite dans le plus profond silence; nous n'entendîmes de bruit que lorsqu'ils furent obligés d'entrer dans l'eau : nous tirâmes au hazard ; et quelques chameaux qu'ils avoient abandonnés, et qui revinrent au village, nous avertirent de leur fuite. Maîtres du champ de bataille, nous achevâmes de brûler tout ce qui pouvoit prendre feu; les soldats se consolerent de la fatigue de la journée et de la nuit, en chargeant sur deux cents ânes deux ou trois mille poulets et pigeons, et emmenant sept à huit cents moutons : mais à nous autres amateurs il ne restoit rien qui pût nous dédommager de ce que cette malencontre faisoit perdre à notre curiosité ; notre espérance étoit déçue, et notre expédition avortée ; nous n'avions pris que des notes peu intéressantes, et obtenu que des apperçus fort incertains et presque nuls. A la pointe du jour nous nous remîmes en route, sans trouver d'autres obstacles que ceux qu'on nous avoit préparés la veille. Je fis un dessin de Kafr-Schaabas-Ammers (n° 5, *planche* XVI), où j'ai representé cette petite forteresse à la pointe du jour, fumant encore de l'incendie de la nuit. Il est évident que pour faire une pareille tournée il falloit du canon, et que par les retardements nous avions perdu la saison où on en pouvoit traîner après soi.

Le général Dugua m'a donné depuis deux plans topographiques de la basse Égypte, que j'ai cru devoir faire graver, et que je joins ici (*planche* XVII) : l'un représente les ruines de Tanis, aujourd'hui Sann ou Tanach, près le lac Menzaléh, et sur le canal de Moës; l'autre est la ruine d'un temple près Beibeth. N'ayant point été sur les lieux, tout ce que j'ajouterois de description pourroit être autant d'erreurs.

Nous revînmes à Rosette: les membres de l'institut qui y étoient restés avoient reçu l'ordre du général en chef de rejoindre ceux qui étoient au Caire, pour organiser les travaux et les séances de cette assemblée. Je m'embarquai le lendemain avec mes camarades: en quittant la province de Rosette, nous quittâmes ce que le Delta a de plus riant; quand on a passé Rahmanié, les sables du désert s'approchent quelquefois jusqu'à la rive gauche du fleuve, la campagne se dépouille, les arbres deviennent rares, l'horizon n'offre qu'une ligne dont il est presque impossible d'offrir l'aspect. Je fis le dessin d'Alcan, village dont les habitants avoient massacré l'aide-de-camp Julien et vingt-cinq volontaires: le village avoit été brûlé, les habitants chassés; des volées innombrables de pigeons restoient sur les décombres, et sembloient ne vouloir point abandonner des habitations qui paroissoient n'avoir été construites que pour eux (*voyez n° 1, pl.* XVIII). Je dessinai aussi le village de Demichelat (*n°* 2 *et* 3, *pl.* XVIII) : on peut remarquer dans ces deux figures que le talus pyramidal du style égyptien antique, l'ordonnance des plans, et la simplicité des couronnements, se sont conservés encore quelquefois dans les constructions les plus modernes et les plus frêles, et donnent une gravité historique aux paysages de l'Égypte, que l'on ne trouve nulle part ailleurs.

A plus de dix lieues du Caire, nous découvrimes la pointe des pyramides qui perçoit l'horizon ; bientôt après nous vimes le Mokattam, et, vis-à-vis, la chaîne qui sépare l'Égypte de la Libye, et empêche les sables du désert de venir dévorer les bords du Nil. Dans ce combat perpétuel entre ce fleuve bienfaisant et ce fléau destructeur on voit souvent cette onde aride submerger les campagnes, changer leur abondance en stérilité, chasser l'habitant de sa maison, en couvrir les murailles, et ne laisser échapper que quelques sommités de palmiers, derniers témoins de sa végétante existence, qui ajoutent encore au triste aspect du désert l'affligeante penseé de la destruction. Je me trouvois heureux de revoir des montagnes, de voir des monuments dont l'époque, dont l'objet de la construction, se perdoient également dans la nuit des siecles : mon ame étoit émue du grand spectacle de ces grands objets ; je regrettois de voir la nuit étendre ses voiles sur ce tableau aussi imposant aux yeux qu'à l'imagination ; elle me déroba la vue de la pointe du Delta, où, dans le nombre des vastes projets sur l'Égypte, il étoit question de bâtir une nouvelle capitale. Au premier rayon du jour, je retournai saluer les pyramides ; j'en fis plusieurs dessins : je me complaisois sur la surface du Nil, à son plus haut point d'élévation, de voir glisser les villages devant ces monuments, et composer à tout moment des paysages dont elles étoient toujours l'objet et l'intérêt (*voyez les n°* 1, 2, 3, 4, *pl.* XIX). J'aurois voulu les montrer avec cette couleur fine et transparente qu'elles tiennent du volume immense d'air qui les environne; c'est une particularité que leur donne sur tous les autres monuments la supériorité extraordinaire de leur élévation; la grande distance d'où elles peuvent être apperçues les fait paroître diaphanes, du ton bleuâtre du ciel, et leur rend le fini et la pureté des angles que les siecles ont dévorés.

Vers les neuf heures, le bruit du canon nous annonça et le Caire et la fête du premier de l'année que l'on y célébroit: nous vîmes d'innombrables minarets ceindre le Mokattam, et sortir des jardins qui avoisinent le Nil; le vieux Caire, Boulac, Roda se groupant avec la ville, y ajoutent le charme de la verdure, lui donnent sous cet aspect une grandeur, des beautés, et même des agrémens; mais bientôt l'illusion disparoît; chaque objet se remettant pour ainsi dire à sa place, on ne voit plus qu'un tas de villages, que l'on a rassemblés là on ne sait pourquoi, les éloignant d'un beau fleuve pour les rapprocher d'un rocher aride (*voyez pl.* XIX, *n*° 5).

A peine arrivé chez le général en chef, j'appris qu'il partoit à l'heure même un détachement de deux cents hommes pour protéger les curieux qui n'avoient pas encore vu les pyramides : je gémissois de n'avoir pas su quelques heures plutôt cette expédition, et je croyois que voir des objets aussi importants sans être muni de ce qui pouvoit mettre dans le cas de les observer avec fruit, ce n'étoit que céder à une curiosité vaine ; j'étois d'ailleurs si fatigué des deux voyages que je venois de faire, que tous mes muscles me déconseilloient d'en entreprendre un troisieme, et je regardois comme prudent d'ajourner ma curiosité jusqu'au moment où les astronomes devoient aller faire leurs observations dans ces lieux si célebres.

Au sortir de table le général dit : On ne peut aller aux pyramides qu'avec une escorte, et on ne peut pas y envoyer souvent un détachement de deux cents hommes. Cet entraînement qu'exercent certains esprits sur l'esprit des autres détruisit tous mes raisonnements ; cet entraînement qui m'avoit fait venir en Égypte me fit partir pour les pyramides, et, sans rentrer chez moi, je m'acheminai au vieux Caire ; je rejoignis en route des camarades avec lesquels je traversai le Nil. Nous arrivâmes à la nuit fermée à Gizeh : je ne savois où je coucherois ; mais déterminé à bivouacquer, ce fut une bonne fortune qui me parut tenir de l'enchantement de me trouver tout-à-coup sur de beaux divans de velours, dans une salle où le parfum de la fleur d'orange nous étoit apporté par un zéphyr rafraîchi sous des berceaux d'arbres touffus : je descendis dans le jardin, qui, au clair de la lune, me parut digne des descriptions de Savary. Cette maison étoit la maison de plaisance de Mourat-bey : je l'avois entendu déprécier, je ne la voyois qu'après le passage d'une armée victorieuse ; et cependant je ne pus m'empêcher d'éprouver que, si l'on ne veut rien détruire par d'inutiles comparaisons, les jouissances orientales ont bien leur mérite, et qu'on ne peut refuser ses sens à l'abandon voluptueux qu'elles inspirent. Ce ne sont ici ni nos longues et fastueuses allées françaises, ni les tortueux sentiers des jardins anglais, de ces jardins où, pour prix de l'exercice qu'ils obligent de faire, on obtient et la faim et la santé. En orient, un exercice vain est retranché du nombre des plaisirs; du milieu d'un groupe de sycomores, dont les branches surbaissées procurent une ombre plus que fraîche, on entre sous des tentes ou des kiosques ouverts à volonté sur des taillis d'orangers et de jasmins: ajoutons à cela des jouissances, qui ne nous sont encore qu'imparfaitement connues, mais dont on peut concevoir la volupté; tel est, par exemple, le charme que l'on doit éprouver à être servi par de jeunes esclaves chez qui la souplesse des formes est jointe à une expression douce et caressante; là, sur de moëlleux et immenses tapis, couverts de carreaux, nonchalamment couché près d'une beauté préférée, enivré de desirs, de santé, de fumée de parfums, et de sorbet, présentés par une main que la mollesse a consacrée de tout temps à l'amour ; près d'une jeune favorite, dont la pudeur ombrageuse ressemble à l'innocence, l'embarras à la timidité, l'effroi de la nouveauté au trouble du sentiment, et dont les yeux languissants, humides de volupté, semblent annoncer le bonheur et non l'obéissance, il est bien permis sans doute au brûlant Africain de se croire aussi heureux que nous. En amour tout le reste n'est-il pas convention ? A la vérité, nous nous sommes créé avec elle encore un autre bonheur ; mais n'est-ce point aux dépens de la réalité ? Ah ! oui : le bonheur se trouve toujours près de la nature, il existe par-tout où elle est belle, sous un sycomore en Égypte comme dans les jardins de Trianon, avec une Nubienne comme avec une Française ; et la grace qui naît de la souplesse des mouvements, de l'acord harmonieux d'un ensemble parfait, la grace, cette portion divine, est la même dans le monde entier ; c'est la propriété de la nature également départie à tous les êtres qui jouissent de la plénitude de leur existence, quel que soit le climat qui les a vus naître. Ce n'est point ici le bonheur d'un Mamelouk que j'ai voulu peindre ; il faut toujours écarter de ses tableaux les monstruosités ; et si l'on se permet quelquefois d'en faire une esquisse, ce doit être une caricature qui en inspire le mépris et le dégoût.

L'officier qui commandoit l'escorte se trouva être un de mes amis ; il me désigna dans le petit nombre de ceux qui devoient entrer dans les pyramides : on étoit trois cents. Le lendemain au matin on se chercha, on s'attendit ; on partit tard, comme il arrive toujours dans les grandes associations. Nous croisâmes dans les terres par des canaux d'arrosement ; après bien des bordées dans le pays cultivé, nous arrivâmes à midi sur le bord du désert, à une demi-lieue des pyramides : j'avois fait en route plusieurs esquisses de leurs approches (*v. pl.* XIX et XX, *n°* 2), une vue de la maison de Mourat-bey (*voyez pl.* XVIII, *n°* 4. A peine avions-nous quitté les barques que nous nous trouvâmes dans des sables; nous gravîmes jusqu'au plateau sur lequel posent ces monuments : quand on approche de ces colosses, leurs formes anguleuses et inclinées les abaissent et les dissimulent à l'œil; d'ailleurs comme tout ce qui est régulier n'est petit ou grand que par comparaison, que ces masses éclipsent tous les objets environnants, et que cependant elles n'égalent pas en étendue une montagne (la seule grande chose que tout naturellement notre esprit leur compare), on est tout étonné de sentir décroître la premiere impression qu'elles avoient fait éprouver de loin; mais dès qu'on vient à mesurer par une échelle connue cette gigantesque production de l'art, elle reprend toute son immensité : en effet cent personnes qui étoient à son ouverture lorsque j'y arrivai me semblerent si petites qu'elles ne me parurent plus des hommes. Je crois que pour donner, en peinture comme en dessin, une idée des dimensions de ces édifices, il faudroit dans la juste proportion représenter sur le même plan que l'édifice une cérémonie religieuse analogue à leurs antiques usages. Ces monuments, dénués d'échelle vivante, ou accompagnés seulement de quelques figures sur le devant du tableau, perdent et l'effet de leurs proportions et l'impression qu'ils doivent faire. Nous en avons un exemple de comparaison en Europe dans l'église de S.-Pierre de Rome, dont l'harmonie des proportions, ou plutôt le croisement des lignes, dissimule la grandeur, dont on ne prend une idée que lorsque, rabaissant sa vue sur quelques célébrants qui vont dire la messe suivis d'une troupe de fideles, on croit voir un groupe de marionnettes voulant jouer Athalie sur le théâtre de Versailles : un autre rapprochement de ces deux édifices, c'est qu'il n'y avoit que des gouvernements sacerdotalement despotes qui pussent oser entreprendre de les élever, et des peuples stupidement fanatiques qui dussent se prêter à leur l'exécution. Mais, pour parler de ce qu'il sont, montons d'abord sur un monticule de décombres et de sables, qui sont peut-être les restes de la fouille du premier de ces édifices que l'on rencontre, et qui servent aujourd'hui à arriver à l'ouverture par laquelle on peut y pénétrer; cette ouverture, trouvée à-peu-près à soixante pieds de la base, étoit masquée par le revêtissement général, qui servoit de troisieme et derniere clôture au réduit silencieux que receloit ce monument (*voyez la vue de cette entrée, pl.* XX bis, *n*° 2, *et la coupe, pl.* XX, *n*° 3, *let.* G): là commence immédiatement la premiere galerie; elle se dirige vers le centre et la base de l'édifice; les décombres, que l'on a mal extraits, ou qui, par la pente, sont naturellement retombés dans cette galerie, joints au sable que le vent du nord y engouffre tous les jours, et que rien n'en retire, ont encombré ce premier passage, et le rendent très incommode à traverser. Arrivé à l'extrémité, on rencontre deux blocs de granit, qui étoient une seconde cloison de ce conduit mystérieux : cet obstacle a sans doute étonné ceux qui ont tenté cette fouille; leurs opérations sont devenues incertaines; ils ont entamé dans le massif de la construction; ils ont fait une percée infructueuse, sont revenus sur leurs pas, ont tourné autour des deux blocs, les ont surmontés, et ont découvert une seconde galerie ascendante, et d'une roideur telle qu'il a fallu faire des tailles sur le sol pour en rendre la montée possible. Lorsque par cette galerie on est parvenu à une espece de palier, on trouve un trou, qu'on est convenu d'appeler le *puits*, et l'embouchure d'une galerie horizontale, qui mene à une chambre connue sous le nom de *chambre de la reine*, sans ornements, corniche, ni inscription quelconque: revenu au palier, on se hisse dans la grande galerie, qui conduit à un second palier, sur lequel étoit la troisieme et derniere clôture, la plus compliquée dans sa construction, celle qui pouvoit donner le plus l'idée de l'importance que les Égytiens mettoient à l'inviolabilité de leur sépulture. Ensuite vient la chambre royale, contenant le sarcophage : ce petit sanctuaire, l'objet d'un édifice si monstrueux, si colossal en comparaison de tout ce que les hommes ont fait de colossal, se trouve ici figuré (*voyez n*° 10 *et* 11, *même pl.*). Si l'on considère l'objet de la construction des pyramides, la masse d'orgueil qui les a fait entreprendre paroît excéder celle de leur dimension physique ; et de ce moment l'on ne sait ce qui doit le plus étonner de la démence tyrannique qui a osé en condamner l'éxécution, ou de la stupide obéissance du peuple qui a bien voulu prêter ses bras à de pareilles constructions : enfin le rapport le plus digne pour l'humanité sous lequel on puisse envisager ces édifices, c'est qu'en les élevant les hommes aient voulu rivaliser avec la nature en immensité et en éternité, et qu'ils l'aient fait avec succès, puisque les montagnes qui avoisinent ces monuments de leur audace sont moins hautes et encore moins conservées (*voy. la description de la pl.* XX, *n*° 3).

Nous n'avions que deux heures à être aux pyramides : j'en avois employé une et demie à visiter l'intérieur de la seule qui soit ouverte; j'avois rassemblé toutes mes facultés pour me rendre compte de ce que j'avois vu; j'avois dessiné, et mesuré autant que le secours d'un seul pied-de-roi avoit pu me le permettre; j'avois rempli ma tête : j'espérois rapporter beaucoup de choses ; et, en me rendant compte le lendemain de toutes mes observations, il me restoit un volume de questions à faire. Je revins de mon voyage harassé au moral comme au physique, et sentant ma curiosité sur les pyramides plus irritée qu'elle ne l'étoit avant d'y avoir porté mes pas.

Je n'eus que le temps d'observer le sphinx, qui mérite d'être dessiné avec le soin le plus scrupuleux, et qui ne l'a jamais été de cette maniere. Quoique ses proportions soient colossales, les contours qui en sont conservés sont aussi souples que purs: l'expression de la tête est douce, gracieuse, et tranquille; le caractere en est africain: mais la bouche, dont les levres sont épaisses, a une mollesse dans le mouvement et une finesse d'exécution vraiment admirables ; c'est de la chair et de la vie. Lorsqu'on a fait un pareil monument, l'art étoit sans doute à un haut degré de perfection ; s'il manque à cette tête ce qu'on est convenu d'appeler du style, c'est-a-dire les formes droites et fieres que les Grecs ont données à leurs divinités, on n'a pas rendu justice ni à la simplicité ni au passage grand et doux de la nature que l'on doit admirer dans cette figure ; en tout, on n'a jamais été surpris que de la dimension de ce monument, tandis que la perfection de son exécution est plus étonnante encore (*voyez pl.* XX bis, n° 1).

J'avois entrevu des tombeaux, de petits temples décorés de bas-reliefs et de statues, des tranchées dans le rocher qui pouvoient avoir formé des stylobates aux pyramides, et donné de l'élégance à leur masse ; il m'avoit paru rester tant d'objets d'observations à faire, qu'il auroit fallu encore bien des séances comme celle-ci pour entreprendre de faire autre chose que des esquisses, et dissiper enfin le nuage mystérieux qui semble avoir de tout temps voilé ces symboliques monuments. On est presque également incertain et de l'époque où ils ont été violés, et de celle où ils ont été construits: celle-ci, déja perdue dans la nuit des siecles, ouvre un espace immense aux annales des arts; et, sous ce rapport, on ne peut trop admirer la précision de l'appareil des pyramides, et l'inaltérabilité de leur forme, de leur construction, et dans des dimensions si immenses, qu'on peut dire de ces monuments gigantesques qu'ils sont le dernier chaînon entre les colosses de l'art et ceux de la nature.

Hérodote rapporte qu'on lui avoit conté que la grande pyramide, celle dont je viens de parler, étoit le tombeau de Chéops, que la pyramide voisine étoit celui de son frere Chephrenes qui lui avoit succédé; qu'il n'y avoit que celle de Chéops qui eût des galeries intérieures; que cent mille hommes avoient été occupés vingt ans à la bâtir; que les travaux qu'avoit exigés cet édifice avoient rendu ce prince odieux à son peuple, et que, malgré les corvées qu'il avoit exigées de ses sujets, les seules dépenses de la nourriture des ouvriers étoient montées si haut, qu'il avoit été obligé de prostituer sa fille pour achever le monument; enfin que, du surplus de ce qu'avoit rapporté cette prostitution, la princesse avoit trouvé de quoi bâtir la petite pyramide qui est vis-à-vis, et qui lui servit de sépulture. Ou les princesses égyptiennes qui se prostituoient se faisoient alors payer bien cher, ou l'amour filial étoit porté à un haut degré dans cette fille de Chéops, puisque, dans son enthousiasme, elle avoit montré encore plus de dévouement que n'en exigeoit son pere, et avoit recueilli de quoi bâtir pour son compte une autre pyramide. Que de travaux pendant sa vie pour s'assurer un asyle de repos après sa mort! Il faut dire aussi que Chéops, ayant fermé les temples pendant son regne, n'avoit pas trouvé après sa mort de panégyristes parmi les prêtres historiens de l'Égypte, et qu'Hérodote, notre premiere lumiere sur ce pays, s'étoit laissé conter bien des fables par ces prêtres.

J'étois au Caire depuis près d'un mois, et je cherchois encore cette ville superbe, cette cité sainte, grande parmi les grandes, ce délice de la pensée, dont le faste et l'opulence font sourire le prophete; car c'est ainsi qu'en parlent les orientaux. Je voyois effectivement une innombrable population, de longs espaces à traverser, mais pas une belle rue, pas un beau monument: une seule place vaste, mais qui a l'air d'un champ; c'étoit Lelbequier, celle où demeuroit le général Bonaparte, qui, dans le moment de l'inondation, a quelque agrément par sa fraîcheur et les promenades que l'on y fait la nuit en bateau (*v. pl.* LXXXVIII); des palais ceints de murs, qui attristent plus les rues qu'ils ne les embellissent; l'habitation du pauvre plus négligée qu'ailleurs ajoute à ce que la misere a d'affligeant par-tout ce qu'ici le climat lui permet d'incurie et de négligence: on est toujours tenté de demander quelles étoient donc les maisons où habitoient les vingt-quatre souverains. Cependant, lorsqu'on a pénétré dans ces espèces de forteresses, on y trouve quelques commodités, quelques recherches de luxe et d'agréments, de jolis bains en marbre, des étuves voluptueuses, des salons en mosaïques, au milieu desquels sont des bassins et des jets-d'eau ; de grands divans, composés de tapis peluchés, de larges estrades matelassées, couvertes d'étoffes riches, et entourées de magnifiques coussins ; ces divans occupent ordinairement les trois côtés de chacun des fonds de la chambre : les fenêtres, quand il y en a, ne s'ouvrent jamais, et le jour qui en vient est obscurci par des verres de couleur devant des grilles réticulaires très serrées ; le jour principal vient ordinairement d'un dôme au milieu du plafond. Les Musulmans, étrangers à tous les usages que nous faisons de la lumière, se donnent très peu de soin de se la procurer : il semble en général que toutes leurs coutumes invitent au repos ; les divans, où l'on est plutôt couché qu'assis, où l'on est bien, et d'où se lever est une affaire, les habillements, dont les hauts-de-chausses sont des jupes où les jambes sont engagées; les grandes manches qui couvrent huit pouces au-delà du bout des doigts; un turban avec lequel on ne peut baisser la tête; leur habitude de tenir d'une main une pipe de la vapeur de laquelle ils s'enivrent, et de l'autre un chapelet dont ils passent les grains dans leurs doigts; tout cela détruit toute activité, toute imagination: ils rêvent sans objet, font sans goût chaque jour la même chose, et finissent par avoir vécu sans avoir cherché à varier la monotonie de leur existence. Les êtres qui ont besoin de se livrer à quelques travaux ne sont pas très différents des grands dont je viens de parler; ils ont accoutumé ceux-ci à ne rien attendre de leur industrie hors de ce qui est la routine ordinaire: aussi n'en sortent-ils jamais, n'inventent-ils aucun moyen pour faire mieux, ne recherchent-ils pas même ceux qui sont inventés, et rejettent-ils tous ceux qui les obligent à se tenir debout, chose pour laquelle ils ont le plus d'aversion; le menuisier, le serrurier, le charpentier, le maréchal, travaillent assis; le maçon même éleve un minaret sans jamais être debout: comme les sauvages, ils n'ont guere qu'un outil; on est tout étonné de ce qu'ils en savent faire; on seroit tenté même de leur croire de l'adresse, si, vous ramenant sans cesse à leur coutume, ils ne vous forçoient bientôt à penser que, semblables à l'insecte dont on admire le travail, ce n'est qu'un instinct dont il n'est pas en eux de s'écarter. Le despotisme, qui commande toujours et ne récompense jamais, n'est-il pas la source et la cause permanente de cette stagnation de l'industrie? J'ai vu depuis, dans la haute Égypte, les Arabes artisans, éloignés de leur maître, venir chercher nos soldats manufacturiers, travailler avec eux, nous offrir leurs services, et, sûrs d'un salaire proportionné, s'efforcer de nous satisfaire, et recommencer leurs travaux pour y parvenir; regarder avec enthousiasme l'effet du moulin à vent, et voir battre le mouton avec le saisissement de l'admiration : un secret sentiment de paresse leur inspiroit peut-être cette admiration pour ces deux machines qui suppléent à tout ce qui nécessite leurs plus grands travaux, l'obligation d'élever les eaux, et de faire des digues pour les retenir. Ils bâtissent le moins qu'ils peuvent ; ils ne réparent jamais rien : un mur menace ruine, ils l'étayent, il s'éboule, ce sont quelques chambres de moins dans la maison ; ils s'arrangent à côté des décombres : l'édifice tombe enfin ; ils en abandonnent le sol, ou, s'ils sont obligés d'en déblayer l'emplacement, ils n'emportent les plâtras que le moins loin qu'ils peuvent ; c'est ce qui a élevé autour de presque toutes les villes d'Égypte et particulièrement du Caire, non pas des monticules, mais des montagnes, dont l'œil du voyageur est étonné, et dont il ne peut tout d'abord se rendre compte. J'ai fait la vue de ces montagnes (*pl.* XXIV, n° 2).

Il y a quelques édifices considérables au Caire, que je crois qu'il faut attribuer au temps des califes, tels que le palais de Joseph, le puits de Joseph, les greniers de Joseph, dont tous les voyageurs ont parlé, et quelques uns en laissant subsister la tradition populaire que ces monuments sont dus aux soins prévoyants du Joseph de Putiphar : il faudroit pour cela que le Caire fût aussi ancien que Memphis, et qu'alors il y eût eu déja des villes ruinées près de cette ville, puisque ces palais sont bâtis de ruines plus antiques : au reste, ces édifices portent les caracteres de tout ce qu'ont bâti les Musulmans dans cette région, c'est-à-dire qu'ils offrent un mélange de magnificence, de misere, et d'ignorance ; ces demi-barbares prenoient, pour élever des constructions colossales, tous les matériaux qui étoient le plus à leur portée, et les employoient à mesure qu'ils les trouvoient sous leurs mains. L'aqueduc qui apporte de l'eau du vieux Caire au château, après lui avoir fait faire mille soixante toises de chemin, seroit un édifice à citer, si dans sa longueur il n'étoit vicié de toutes ces inconséquences.

Le château, bâti sans plan, sans vrais moyens de défense, a cependant quelques parties assez avantageusement disposées ; le pacha y étoit logé, ou plutôt enfermé : la seule piece remarquable de son quartier est la salle du divan où s'assembloient les beys, et qui a été souvent le lieu des scènes sanglantes de ce gouvernement orageux. On y voit aussi le puits de Joseph, taillé dans le roc à deux cents soixante-neuf pieds de profondeur : Norden en a donné tous les détails. Le palais de Joseph, dont je viens de faire mention, est d'une belle conception dans son plan : je n'ai pu voir sans une espece d'admiration l'emploi que les architectes arabes ont su faire des fragments antiques qu'ils ont fait entrer dans leur construction, et avec quelle adresse ils y ont mêlé quelquefois des ornements de leur goût.

A présent que les Turcs ne trouvent plus sous leurs mains de colonnes de l'ancienne Égypte, qu'ils continuent d'élever des mosquées sans démolir celles qui s'écroulent, ils chargent les Francs de leur faire venir des colonnes à la douzaine : ceux-ci les achetent de toute grandeur à Carare; arrivées, les architectes musulmans les garnissent de cercles de fer à leur astragale, et leur font porter les arcs des portiques des mosquées. Les ornements sarrasins qui commencent au départ de ces colonnes, d'un style grec mesquin, en composent un mélange d'architecture du goût le plus détestable qu'on puisse imaginer : leurs minarets et leurs tombeaux sont les seules fabriques où ils aient conservé le style arabe dans toute son intégrité; si l'on n'y retrouve pas ce qui doit être la beauté de l'architecture, la rassurante solidité, du moins on y voit avec plaisir des ornements qui font richesse, sans offrir de pesanteur, et une élégance si bien combinée, qu'elle ne rappelle jamais l'idée de la sécheresse et de la maigreur. Le cimetiere des Mamelouks en est un exemple : en sortant des masures du Caire, on est tout étonné de voir une autre ville toute de marbre blanc, où des édifices, élevés sur des colonnes couronnées de dômes, ou de palanquins peints, sculptés et dorés, forment un ensemble gracieux et riant ; il ne manque que des arbres à cette retraite funebre pour en faire un lieu de délices : enfin il semble que les Turcs qui bannissent la gaieté de par-tout veuillent encore l'enterrer avec eux (*voyez pl.* XXIII, *n°* 2).

J'étois au moment d'achever le dessin de ce sanctuaire de la mort, si ridiculement festonné, lorsque j'entendis des cris : je crus d'abord que c'étoit un enterrement qui, selon l'usage, étoit suivi par des pleureuses à gages ; mais je vis bientôt qu'au lieu de se lamenter ces femmes fuyoient, et me faisoient signe de les suivre : l'idée du fléau du pays me vint à l'esprit ; mais découvrant un grand espace, et ne voyant point d'Arabes ni rien qui pût y ressembler, je me remis à dessiner. A peine assis, je vis fuir les hommes aussi ; et me trouvant isolé assez loin de nos postes, je pensai qu'il étoit plus prudent de m'en rapprocher : je trouvai quelque agitation dans les rues, de la surprise dans les regards de ceux qui me fixoient. Arrivé à la maison, j'apprends qu'il y a du bruit dans la ville, que le commandant vient d'être assassiné; des fussillades se font entendre : le palais de l'institut, attenant à la campagne, situé au milieu de grands jardins où l'on jouissoit d'une tranquillité délicieuse en temps de paix, dans les circonstances fâcheuses devenoit un quartier abandonné, et le premier attaqué par les Arabes, s'ils étoient appelés par les gens du pays, ou s'ils venoient pour leur compte; du côté de la ville, il étoit voisin de la partie du peuple la plus pauvre, et conséquemment la plus à craindre. Nous apprîmes que la maison du général Caffarelli venoit d'être pillée, que plusieurs personnes de la commission des arts y avoient péri : nous fîmes la revue de ceux qui manquoient parmi nous; quatre étoient absents; une heure après nous sûmes par nos gens qu'ils avoient été massacrés. Nous n'avions point de nouvelles de Bonaparte; la nuit arrivoit; les fusillades étoient partielles; les cris s'entendoient de toutes parts; tout annonçoit un soulèvement général. Le général Dumas, revenant de poursuivre les Arabes, avoit fait un grand carnage des rebelles en rentrant dans la ville; il avoit coupé la tête d'un chef des séditieux pendant qu'il haranguoit le peuple; mais toute une moitié de la ville et la plus populeuse s'étoit barricadée; plus de quatre mille habitants étoient retranchés dans une mosquée; deux compagnies de grenadiers avoient été repoussées, et le canon n'avoit pu pénétrer dans les rues étroites et tortueuses; les pierres, les lances trouvoient leur victime sans qu'on vît d'ennemis : le général nous envoya un détachement qu'il fut obligé de nous retirer à minuit; ce qui exagéra pour l'institut le danger de sa situation. La nuit fut assez calme, car les Turcs n'aiment point à se battre quand il fait noir, et se font un cas de conscience de tuer leurs ennemis dès que le soleil est couché : par un autre principe, moi, ayant toujours pensé que, dans les cas périlleux, dès que la prévoyance est inutile elle n'est plus qu'une vaine inquiétude, et me fiant sur la terreur des autres pour être éveillé en cas d'alerte, j'allai me coucher. Le lendemain la guerre recommença avec les premiers rayons du jour : on nous envoya des fusils ; tous les savants se mirent sous les armes : on nomma des chefs : chacun avoit son plan, mais personne ne croyoit devoir obéir. Dolomieu, Cordier, Delisle, Saint-Simon, et moi, nous étions logés loin des autres ; notre maison pouvoit être pillée par qui auroit voulu en prendre la peine : soixante hommes venoient d'arriver au secours de nos confreres : rassurés sur leur compte, nous prîmes le parti d'aller nous retrancher chez nous de maniere à tenir quatre heures au moins, si l'on nous attaquoit avec des forces ordinaires, et attendre ainsi le secours que notre feu auroit sans doute appelé. Nous crûmes un moment être investis ; nous avions vu fuir tous les paisibles habitants ; les cris s'entendoient sous nos murs, et les balles siffloient sur nos terrasses : nous les démolissions pour écraser avec leurs matériaux ceux qui seroient venus pour enfoncer nos portes ; dans un cas extrême, l'escalier, par où l'on pouvoit nous atteindre, étoit devenu une machine de guerre à ensevelir tous nos ennemis à la fois : nous jouissions de nos travaux, lorsqu'enfin la grosse artillerie du château vint faire la diversion après laquelle je soupirois; elle produisit tout l'effet que j'en attendois; la consternation succéda à la fureur : on ne pouvoit battre la mosquée; mais elle devint le seul point de rassemblement des ennemis, tout le reste demanda grace; la mosquée même fut tournée, une batterie lui apprit que chez nous la guerre ne cessoit pas avec le jour : ils leverent leurs barricades, crurent pouvoir faire une sortie, furent repoussés, et se rendirent; le reste de la nuit fut calme; le lendemain nous fûmes libres.

Nous venions de conquérir le Caire, qui la premiere fois n'avoit fait que se rendre au vainqueur des Mamelouks : les apathiques et timides Égyptiens avoient souri au départ de ceux qui les vexoient par des injustices et des avanies sans nombre; mais bientôt ils avoient regretté leurs tyrans, quand il avoit fallu payer leurs libérateurs ; revenus de leur premiere terreur, ils avoient écouté contre nous leur moufti, et, animés par un enthousiasme fanatique, ils avoient conspiré dans le silence. Il eût peut-être fallu livrer sans exception au trépas tous ceux dont les yeux avoient vu se replier des compagnies de Français ; mais la clémence avoit devancé le repentir : aussi l'esprit de vengeance ne fut point étouffé par la consternation ; c'est ce que je lus le lendemain dans l'attitude et dans l'expression de la physionomie des mécontents ; je sentis que si avant la journée du 1^r brumaire nous étions déja circonscrits par un cercle d'Arabes, un cercle plus étroit venoit de nous enceindre, et que désormais nous ne marcherions plus qu'à travers nos ennemis. On arrêta, on punit quelques traîtres, mais on rendit les mosquées qui avoient été l'asyle du crime ; et l'orgueil des coupables s'investissoit de cette condescendance : le fanatisme ne fut pas terrassé par la terreur ; et quelque danger que l'on pût faire envisager à Bonaparte, rien ne put altérer le sentiment de bonté qu'il déploya dans cette circonstance : il voulut être aussi clément qu'il auroit pu être terrible ; et le passé fut oublié, tandis que nous comptions des pertes nombreuses et importantes.

Le général Dupuis, excellent capitaine, qui, pendant deux ans dans les brillantes campagnes d'Italie, avoit bravé tous les dangers, dont est semée la carriere de la gloire, est assassiné dans une reconnoissance par un coup lâchement assené; un couteau au bout d'un bâton, lancé par l'embrasure d'une fenêtre, lui coupe l'artere du bras, et il expire au bout de quelques instants : le jeune et brave Sulcowsky, à peine guéri des blessures dont l'avoit couvert le combat chevaleresque de Salayer, va reconnoître l'ennemi, le voit, l'attaque, malgré la disproportion du nombre, le culbute, le poursuit, tombe dans une embuscade ; son cheval percé d'une lance se renverse sur lui, et il est écrasé par celui qui vole à son secours. Ainsi finit un des officiers les plus distingués de l'armée : observateur dans les marches, chevalier dans les combats, la plume délassoit ses mains des fatigues des armes; il venoit de décrire la marche sur Belbeys avec autant de grace et d'intérêt qu'un autre en auroit pu mettre à raconter les combats qu'il y avoit soutenus, les blessures glorieuses qu'il y avoit reçues : ambitieux de la gloire, ce jeune étranger avoit cru ne la trouver que dans nos bataillons; captivant la vivacité de son caractere, il avoit mesuré ses mouvements sur ceux de celui qu'il avoit choisi pour maître; il poussoit l'envie d'en être distingué jusqu'à la jalousie; et la tâche qu'il s'étoit proposée donnoit la mesure de ce qu'on pouvoit attendre de lui. J'avois été confident des passions de sa jeunesse; je l'étois de sa noble ambition : elle étoit belle et grande; c'étoit par l'étude, c'étoit par un mérite réel qu'il vouloit parvenir. Il n'y avoit que quelques heures que, dans un épanchement amical, il venoit de m'intéresser par son énergie, lorsque la nouvelle de sa mort vint flétrir et froisser mon ame; c'étoit un des officiers que je pouvois le plus aimer, et ce fut peut-être sa perte qui jeta un voile triste sur la victoire du 1ᵉʳ brumaire.

Si la populace, quelques grands, et tous les dévots se montrerent fanatiques et cruels dans la révolte du Caire, la classe moyenne, celle où dans tous les pays résident la raison et la vertu, fut parfaitement humaine et généreuse, malgré les mœurs, la religion, et la langue, qui nous rendoient si étrangers les uns aux autres : tandis que des galeries des minarets on excitoit saintement au meurtre, tandis que la mort et le carnage parcouroient les rues, tous ceux dont les Français habitoient les maisons s'empressoient de les sauver, de les cacher, de venir au-devant de leurs besoins. Une vieille dame du quartier où nous demeurions nous fit dire que notre mur étoit mitoyen, que si nous étions attaqués nous n'avions qu'à l'abatre, et que son harem seroit notre asyle. Un voisin, sans que nous l'en eussions prié, nous fit des provisions aux dépens des siennes, tandis qu'on ne trouvoit rien à acheter dans la ville; et que tout annonçoit la disette : il ôta tous les signes qui pouvoient faire remarquer notre demeure, et vint fumer devant notre porte pour écarter les assaillants, en leur faisant croire que la maison étoit à lui. Deux jeunes gens, poursuivis dans la rue, sont enlevés par des personnes inconnues, et portés dans une maison; ils se regardent comme des victimes réservées à un tourment d'une cruauté plus réfléchie; ils deviennent furieux : leurs ravisseurs ne pouvant espérer de se faire comprendre, leur livrent leurs enfants, comme des gages sinceres de la douceur et de la bienfaisance de leurs intentions. On pourroit citer nombre d'autres anecdotes, d'une sensibilité aussi délicate, qui rattachent à l'humanité dans les moments où elle semble briser tous ses liens. Si le grave Musulman réprime l'expression de sensibilité qu'ailleurs on se feroit gloire de manifester, c'est qu'il veut conserver la noble austérité de son caractere. Mais passons à d'autres objets.

On venoit d'ouvrir des caves à Saccara, on avoit trouvé dans une chambre sépulcrale plus de cinq cents momies d'ibis, on m'en avoit donné deux; je ne pus pas tenir au desir d'en ouvrir une: le citoyen Geoffroi et moi nous nous mîmes seuls à une table avec tous les moyens de procéder tranquillement à son ouverture; et, pour ne pas laisser vieillir mes idées sur cette opération et n'en pas perdre une circonstance, je me mis en devoir d'en dessiner chaque développement, et d'en faire une espece de procès-verbal (*voyez planche* XCIX).

Il existe une variété très sensible dans le soin donné à ces embaumements d'oiseaux; il n'y a que le pot de terre qui soit le même pour tous. Cette inégalité de soin dans des momies prises dans la même cave prouve qu'il y avoit aussi, comme pour les hommes, variété dans le prix de l'opération, par conséquent que c'étoient des particuliers qui faisoient cette dépense, et qu'ainsi il est à présumer que les oiseaux embaumés n'avoient pas été également nourris dans quelques temples ou par quelques colleges de prêtres en reconnoissance des services que rendoit l'espece. S'il en eût été des oiseaux comme du dieu Apis, un seul individu auroit suffi, et on ne trouveroit pas de ces pots par milliers. On doit donc croire que l'ibis, destructeur de tous les reptiles, devoit être en vénération dans un pays où ils abondoient à une certaine époque de l'année; et, comme la cicogne en Hollande, cet oiseau s'apprivoisant aussi par l'accueil qu'on lui faisoit, chaque maison avoit les siens affidés, auxquels après leur mort chacun, suivant ses moyens, donnoit les honneurs de la sépulture. Hérodote dit qu'on lui avoit conté que dans les premiers temps connus il y en avoit en abondance; qu'à mesure que les marais de la haute Égypte s'étoient desséchés, ils avoient gagné la basse pour suivre leur pâture; ce qui s'accorderoit assez avec ce que rapportent les voyageurs que l'on en voit encore quelquefois au lac Menzaléh. Si l'espece avoit déja diminué du temps d'Hérodote, il n'est pas étonnant que son existence devienne presque problématique de nos jours. Hérodote raconte que les prêtres d'Héliopolis lui avoient dit qu'à la retraite des eaux du Nil il arrivoit, par les vallées qui séparent l'Egypte de l'Arabie, des nuées de serpents ailés, que les ibis alloient au-devant de ces serpents et les dévoroient; il ajoute qu'il n'avoit pas vu les serpents ailés, mais qu'il étoit allé dans les vallées, et avoit trouvé des squelettes innombrables de ces monstres. Je crois, n'en déplaise au patriarche de l'histoire, que l'ibis n'avoit pas besoin qu'on lui créât des dragons d'Arabie pour le rendre intéressant à l'Égypte qui produisoit d'elle-même tant de reptiles mal-faisants; mais le respectable Hérodote étoit Grec, et il aimoit le merveilleux.

Il n'est plus question de serpents ailés en Egypte; mais cet animal y conserve encore quelque prestige. J'étois chez le général en chef un jour qu'on y introduisit des psylles : on leur fit plusieurs questions relativement au mystere de leur secte, et la relation qu'elle a avec les serpents auxquels ils paroissent commander; ils montroient plus d'audace que d'intelligence dans leurs réponses : on vint à l'expérience : Pouvez-vous connoître, leur dit le général, s'il y a des serpents dans ce palais? et, s'il y en a, pouvez-vous les obliger de sortir de leur retraite? Ils répondirent par une affirmation sur les deux questions : on les mit à l'épreuve; ils se répandirent dans les appartements; un moment après ils déclarerent qu'il y avoit un serpent : ils recommencerent leur recherche pour découvrir où il étoit, prirent quelques convulsions en passant devant une jarre placée à l'angle d'une des chambres du palais, et indiquerent que l'animal étoit là; effectivement on le trouva. Ce fut un vrai tour de Comus; nous nous regardâmes, et convînmes qu'ils étoient fort adroits.

Toujours curieux d'observer les moyens que les hommes emploient pour commander à l'opinion, j'avois regretté de ne m'être pas trouvé à Rosette à la procession de la fête d'Ibrâhym, où les convulsions des spylles sont pour le peuple la partie la plus intéressante de cette fonction religieuse. Pour me dédommager, je m'adressai au chef de la secte, qui étoit concierge de l'okel ou auberge des Francs: je le flattai; il me promit de me rendre spectateur de l'exaltation d'un psylle auquel il auroit *soufflé l'esprit* : c'étoient ses expressions. Il crut dans ma curiosité reconnoître un prosélyte, et me proposa de m'initier : j'acceptai ; mais ayant appris que dans la cérémonie de réception le grand-maître crachoit dans la bouche du néophyte, cette circonstance refroidit ma vocation, et je sentis qu'elle ne résisteroit pas à cette épreuve; je donnai de l'argent au concierge, et le grand-prêtre me promit de me faire voir un inspiré. Effectivement le moment arriva ; le chef de la secte me vint trouver avec tout le sérieux de sa suprématie : il étoit vêtu d'une longue robe, dont la magnificence étoit relevée par le dépenaillement des trois initiés qui l'accompagnoient, et qui n'avoient que quelques haillons sur le corps.

Ils avoient apporté des serpents; il les sortirent d'un grand sac de cuir où ils les tenoient, et les firent se dresser et siffler en les irritant. Je remarquai que la lumiere étoit principalement ce qui causoit leur irritation, car dès qu'on les remettoit dans le sac leur colere cessoit, et ils ne cherchoient plus à mordre ; ils avoient cela de particulier qu'au-dessous de leur tête, dans la longueur de six pouces, la colere dilatoit leur peau de la largeur de la main (*voyez pl.* CIV, *n°* 1). Je vis parfaitement que je ne craignois pas plus la morsure des serpents que les psylles ; car, ayant bien remarqué comment en les attaquant d'une main ils les saisissoient avec l'autre tout auprès de la tête, j'en fis, à leur grand scandale, tout autant qu'eux, et sans danger. On passa de ce jeu au grand mystere : un des psylles prit un des serpents à qui il avoit d'avance rompu la mâchoire inférieure, et dont il ratissa encore les gencives jusqu'à l'amputation totale du palais ; cela fait, il l'empoigna avec l'affectation de l'emportement, s'approcha du chef, qui, avec celle de la gravité, lui accorda le souffle, c'est-à-dire qu'après quelques paroles mystérieuses il lui souffla dans la bouche : à l'instant l'autre, saisi d'une sainte convulsion, les bras et les jambes crispés, les yeux hors de la tête, se mit à déchirer l'animal avec les dents; et ses deux acolythes, touchés de ce qu'il paroissoit souffrir, le retenant avec peine, lui arracherent de la main le serpent, qu'il ne vouloit pas leur abandonner; dès qu'il en fut séparé il resta comme stupide : le chef s'approcha de lui, marmotta quelques mots, reprit l'esprit par aspiration, et il redevint dans son état naturel; mais celui qui s'étoit saisi du serpent, tourmenté de l'ardeur de consommer le mystere, vint aussi demander le souffle, et comme il étoit plus vigoureux que le premier, ses cris et ses convulsions furent encore plus forts et plus ridicules. Je me crus assez initié; et cette grossiere jonglerie finit.

Cette secte des psylles remonte dans ces contrées à la plus haute antiquité : elle existoit particulièrement dans la Cyrénaïque; le dieu Knuphis, ou l'architecte de l'univers, selon Strabon et Eusebe, étoit adoré à Éléphantine sous la figure d'un serpent. Depuis le serpent d'Éden jusqu'à celui d'Achmin, dont nous parle Savary, ce reptile jouit d'une célébrité non interrompue : après avoir été la tentation de notre premiere mere, on lui fit lâcher la pomme, se mordre la queue, et il fut l'emblême de l'éternité ; on le fit monter le long d'un bâton, et il devint le dieu de la santé ; les Egyptiens en attacherent deux autour d'un globe, pour représenter peut-être l'équilibre du systéme du monde ; les Indiens le mirent à la main de toutes leurs divinités : nous en avons fait la justice, nous en avons fait la prudence : le serpent d'airain chez les Hébreux; celui d'Elerme et le serpent Python chez les Grecs ; et tout récemment le dévirgineur Harridi chez les Musulmans, etc. : et cependant tant d'illustrations n'ont rien changé au principe de modestie de ce sage animal : il continue de chercher l'obscurité, il fuit l'éclat, et il n'éleve sa tête qu'à la moitié de sa grandeur. Pourquoi donc cette célébrité ? pourquoi ce culte unanimement accordé à ce reptile? Il a suivi le précepte de l'Ecriture, Humilie-toi, et tu seras élevé; il a rampé, et il est parvenu. On peut voir (*planche* CIV, n° 1, et *pl.* CI, n° 5) l'espece de serpent dont on se sert pour toutes les jongleries dont je viens de parler, voyez aussi l'explication des planches au même numéro.

Les chameaux sont les charrettes du Caire; ils y apportent toutes les provisions, et en remportent les ordures : les chevaux de selle y tiennent lieu de voitures, et les ânes de fiacres; on en trouve dans toutes les rues de tout bridés, et toujours prêts à partir. Cet animal sérieux en Europe, toujours plus triste à mesure qu'il s'approche du nord, est en Egypte dans le climat qui lui est propre; aussi semble-t-il y jouir de la plénitude de son existence : sain, agile et gai, c'est la plus douce et la plus sûre monture qu'on puisse avoir; il va tout naturellement l'amble ou le galop, et, sans fatiguer son cavalier, lui fait traverser rapidement les longs espaces qu'il faut parcourir au Caire. Cette maniere d'aller me paroissoit si agréable que je passois ma vie sur les ânes : peu de temps après mon arrivée j'étois connu de tous ceux qui les louent ; ils étoient au fait de mes habitudes, portoient mon porte-feuille et ma chaise à dessiner, et me servoient d'écuyers tout le jour : en leur payant courses doubles, ils montoient d'autres ânes, et j'allois ainsi aussi vîte qu'avec les meilleurs chevaux, et beaucoup plus long-temps. C'est de cette maniere que, dans mes promenades, j'ai fait les dessins du canal qui amene l'eau du Nil au Caire à l'époque de l'inondation (*voyez pl.* XXI, *n°* 2).

Chargé par l'institut d'un rapport sur des colonnes qui sont près du vieux Caire, je fis,

1° Le dessin de l'aqueduc (*voyez même planche*, *n°* 3);

2° Les tombeaux des califes à l'est du Caire, hors des murs (*voyez pl.* XXII, *n°* 1);

3° Une vue du vieux Caire (*même planche*, *n°* 2);

4° Une autre vue du vieux Caire (*même planche*, *n°* 3);

5° Une vue de Boulac (*planche* XXIII, *n°* 3);

6°. Une autre vue des tombeaux des califes (*planche* XXIV, *n°* 1);

7° Une attaque d'Arabes (*même pl.*, *n°* 2);

8° Une vue du jardin de l'institut (*pl.* XXV, *n°* 3 ; *voyez aussi l'explication de toutes ces planches*).

J'étois fort bien au Caire ; mais ce n'étoit pas pour être bien au Caire que j'étois sorti de Paris. Il arriva une caravane arabe ; elle venoit du mont Sinaï ; elle en apportoit du charbon, de la gomme, et des amandes ; elle étoit composée de cinq cents hommes, et sept cents chameaux ; c'étoit une maniere bien dispendieuse d'apporter des marchandises qui devoient produire si peu d'argent : mais ils avoient besoin de choses qu'ils ne pouvoient trouver ailleurs, et ils n'avoient que du charbon à donner en échange ; quelques uns des leurs avoient essayé d'escorter des Grecs, un mois auparavant, pour savoir si les Français, maîtres du Caire, ne mangeoient pas les Arabes ; on les avoit bien traités, ils arriverent en caravanes. Le général en chef desiroit que quelqu'un profitât de leur retour pour prendre connoissance de la route de Tor : je fus tenté de faire celle des Israélites ; j'offris au général d'entreprendre ce voyage, pourvu qu'il assurât mon retour : il me dit qu'il garderoit le chef de la caravane en otage : il rioit à mon imagination de penser que de là à douze jours je connoîtrois et j'aurois dessiné les sites de la partie merveilleuse de l'expédition de Moïse, depuis son départ de Memphis jusqu'à son arrivée dans le désert de Pharan ; que, sans y rester quarante ans, j'aurois vu en peu de jours le mont Sinaï, traversé un des points de la terre dont les annales remontent le plus haut, le berceau de trois religions, la patrie de trois législateurs qui ont gouverné l'opinion du monde, sortis tous trois de la famille d'Abraham.

A la premiere proposition que je fis au chef des Arabes, il me dit que pour tout l'or du monde il ne se chargeroit pas de moi ; que ce seroit risquer ma vie, celle des moines du mont Sinaï, et celle de tous les individus de la caravane, parceque deux tribus puissantes, les Ovatis et les Ayaidis, avoient des vengeances à tirer des Français. Comme je venois rendre compte de ma mission au général en chef, il donnoit des ordres pour envoyer un convoi à Desaix : je voulois partir pour l'orient ; je lui demandai un passe-port pour le sud, et quelques heures après j'étois déja en chemin.

Le lendemain, à la pointe du jour, nous nous trouvâmes à une lieue de Ssakharah, n'ayant fait, faute de vent, que quatre lieues dans la nuit. Je fis un dessin de ce que je voyois des pyramides de Ssakharah, qui paroissent occuper l'espace de deux lieues (*voyez pl.* XXVI, *n°* 4). Quoiqu'éloigné du fleuve, je pus distinguer que la plus proche, de grandeur moyenne, est à gradins élevés ; viennent ensuite d'autres petites pyramides presque détruites : à une demi-lieue de celles-ci, il y en a une qui paroît avoir autant de base que la plus grande de celles de Gizéh, mais moins d'élévation ; elle est très bien conservée : à une autre demi-lieue de cette derniere il y en a une qui est la plus grande de toutes celles de Ssakharah ; sa forme est irréguliere, c'est-à-dire que la ligne de son arête a la courbure d'une console renversée, comme on peut le voir *même planche, même numéro :* tout près de celle-ci, il y en a une petite ; et plus proche du Nil une autre absolument en ruine, et qui n'a plus la forme que d'un rocher gris-brun ; sa couleur est produite par les matériaux, qui me parurent être de brique non cuite : je crois que le rivage du fleuve nous en cachoit encore d'autres plus petites. Cette multitude de pyramides, la plaine des moines, les caves des ibis, tout prouve que le territoire de Ssakharah, étoit la Nécropolis au sud de Memphis, et le faubourg opposé à celui-ci, où sont les pyramides de Gizéh, une autre ville des morts, qui terminoit Memphis au nord, et qui donne encore aujourd'hui la mesure de son étendue.

L'après-midi, vis-à-vis Missenda, nous

vîmes encore une pyramide fort grande, mais si fruste que dans tout autre pays que l'Égypte, à la grande distance d'où on la voit du Nil, on la prendroit pour un monticule : une lieue plus loin il y en a encore une et plus grande et plus déformée.

Les petites isles qui sont à cette hauteur étoient couvertes de canards, de hérons, et de pélicans.

Vers le soir, nous vîmes la pyramide de Medoun, entre les villages de Rigga et Caffr-él-Risk (*voyez pl.* XXVI, n° 2 et 3).

Nous arrivâmes dans la nuit à Zaoyé. Le général Belliard m'offrit obligeamment de partager sa demeure: c'étoit bien partager un infiniment petit ; nos lits occupoient toute notre chambre ; on les ôtoit pour mettre la table, et on ôtoit la table lorsque nous avions quelque toilette à faire. Cette association fut aussi heureuse qu'étroite, car nous ne nous quittâmes plus de la campagne ; je desire qu'il ait conservé de moi un souvenir aussi agréable que celui que m'ont laissé sa douceur, son égalité, et l'amabilité inaltérable de son caractere. La seconde nuit, notre cuisine éboula, ainsi que notre écurie ; mais, aussi flegmatiques que des Musulmans, nous ne désempârames pas ; et d'ailleurs, malgré cet accident, cette maison étoit encore la meilleure et la plus apparente du village (*voyez pl.* XXVII, *n*° 2). Dans cette partie de l'Égypte toutes les constructions sont faites de boue et de paille hachée cuite au soleil ; les escaliers, les embrasures, les fours, les ustensiles et les ameublements, sont de même matiere ; de sorte que, s'il étoit possible qu'il y eût un changement momentanée dans l'ordre que la nature a fixé imperturbablement en Égypte, s'il arrivoit, par exemple, que des vents extraordinaires arrêtassent et fissent dissoudre un des groupes de nuage que le vent du nord pousse en été contre les montagnes de l'Abyssinie, les villes et villages seroient délayés et liquéfiés en quelques heures, et l'on pourroit semer sur leur emplacement : mais, grace au climat, une maison bâtie d'une maniere aussi frêle dure la vie d'un homme ; ce qui suffit à celui dont le fils doit racheter de son souverain le sol qu'il a déjà payé.

Le lendemain de mon arrivée, une colonne de trois cents hommes alloit lever *le miri* ou l'imposition territoriale, et une réquisition de chevaux et de buffles : nous suivions en cela les manieres des Mamelouks, qui pour le même objet faisoient chacun dans la province qui lui étoit départie la même promenade militaire, en campant au-devant des villes et villages, se nourrissant à leurs dépens jusqu'à l'acquittement de ce qu'ils avoient à recevoir. Cela rappelle ce que Diodore de Sicile dit des Égyptiens, qu'ils se croyoient dupes de payer ce qu'ils devoient, avant d'être battus pour y être contraints. Je pus remarquer que, sans jamais refuser, il n'y avoit sorte de moyens ingénieux qu'ils n'employassent pour retarder de quelques heures le dessaisissement de leur argent.

Les mouvements de cette colonne devenoient un moyen avantageux de faire des découvertes et d'observer les particularités de l'intérieur du pays : cette premiere course m'approcha de la pyramide de Medoun, que j'avois vue de loin; je n'en étois plus qu'à une demi-lieue, mais cet espace étoit traversé par le canal Jusef et un autre petit canal, et nous n'avions point de bateau ; avec une excellente lunette et le plus beau temps, je pus en observer les détails comme si je l'avois touchée : bâtie sur une plate-forme secondaire de la chaîne libyque, sa forme est de cinq gradins en retraite ; la pierre calcaire dont elle est construite étant plus ou moins friable, sa base et son premier gradin sont plus dégradés que tous les autres, et, dans le milieu de l'élévation du second, il y a plusieurs assises qui ont éprouvé la même dégradation (*voyez planche* XXVI, *n°* 3). En passant du village de Medoun à celui de Sapht, je fus dans le cas d'observer trois faces de cette pyramide ; il paroît qu'on a tenté une fouille au second gradin du côté du nord ; les décombres, recouverts de sables, s'élevent jusqu'à la hauteur de cette fouille, et ne laissent voir que les angles du premier gradin ; la ruine absolue commence au troisieme, dont il reste à-peu-près le tiers : la hauteur totale de ce qui existe de cette pyramide me parut être à-peu-près de deux cents pieds.

Tout le pays que nous avions parcouru étoit abondant, semé de bled, de sainfoin, d'orge, de féves, de lentilles, et de doura ou sorgo, qui est une espece de millet dont la culture est presque générale dans la haute Égypte. Pendant que le grain de cette plante est en lait, les paysans le font griller comme le maïs : ils en mâchent la canne verte comme celle du sucre ; la feuille nourrit le bétail, la moëlle seche sert d'amadou ; la canne remplace le bois pour cuire et chauffer le four ; du grain on fait de la farine, et de cette farine on fait des gâteaux ; et rien de tout cela n'est bon.

Entre Medoun et Sapht je trouvai les ruines d'une mosquée, parmi lesquelles étoient de grandes colonnes de marbre cipolin : seroient-ce des débris de l'ancienne Nicopolis? au reste je ne trouvai aux environs aucun arrachement de mur qui indiquât l'existence d'aucune antiquité.

De Sapht nous allâmes à un hameau, qui en est tout près, et qui est une espèce de forteresse de boue; cette retraite feodale est formée d'une enceinte traversée par quelques rues alignées; dans cette enceinte est un petit château qui servoit de demeure au kiachef, le tout crenelé, avec un chemin couvert criblé de meurtrieres: le kiachef avoit émigré, ses satellites étoient dispersés, et leurs maisons étoient pillées; les habitants des villages voisins avoient saisi cette occasion de prendre une revanche.

A notre seconde sortie nous allâmes à Meimound, village très riche, de dix mille habitants; il est entouré, comme tous les autres, de monceaux d'ordures et de décombres, qui, dans un pays de plaine, forment autant de montagnes d'où l'on découvre tout le pays d'alentour: aussi les crêtes de ces monticules sont-elles chaque soir couvertes d'une partie des habitants, qui, accroupis, y respirent l'air, fument leur pipe, et observent si la plaine est tranquille. L'inconvénient de ces tas d'ordures, c'est d'offusquer les villages, de les rendre mal-sains en les privant d'air, d'empâter les yeux des habitants d'une poussiere fangeuse, mêlée de brins de paille imperceptibles, et d'être une des nombreuses causes des maux d'yeux dont l'Égypte est affligée.

De Meimound nous allâmes à El-Eaffer, joli village dans un excellent pays : on y recueille de la gomme, connue sous le nom de gomme arabique, tirée de l'incision d'un mimosa, appelé épine égyptienne, ou cassie, portant des boutons d'or très odoriférants : on nous donna à El-Eaffer de beaux chevaux et un bon déjeûner. Nous découvrîmes de là Aboussir, Benniali, Dallaste, Bacher, Tabouch, Bouch, Zeitoun, et Eschmend-el-Arab. Nous trouvâmes à El-Eaffer une douzaine d'Arabes campés hors du village : je dessinai la tente du chef, composée de neuf piquets, soutenant un mauvais tissu de laine, sous lequel étoient tous les meubles de son ménage, consistant en une natte, et un tapis de même étoffe que la tente; deux sacs, l'un de bled pour le maître, et l'autre d'orge pour la jument, une grande jarre pour serrer les habits : un moulin à bras pour faire la farine; une cage à poulets, un vase à faire pondre les poules; des pots, enfin des cafetieres et des tasses. Les femmes étoient hideuses ainsi que les enfants (*voyez planche* LIV, n° 1). De El-Eaffer nous vînmes à Benniali; on ne nous y donna rien : nous emmenâmes les cheikhs; et le lendemain on nous amena des chevaux, et on nous compta l'argent du miri. Je fis encore une vue de Zaoyé à sa partie sud (*voyez planche* XXV, n° 1), et laissai sans regret cette premiere station pour aller joindre Desaix, que je connoissois, que j'aimois, que je n'allois plus quitter, et dont le sort des opérations alloit être celui de mes voyages. Nous partîmes de Zaoyé, et vînmes coucher à Chendaouyéh, en repassant par Meimound et Benniali : les premiers arrivés à ce village en avoient trouvé les habitants armés ; il en étoit résulté un mal-entendu pour lequel il y avoit eu des coups de fusil tirés ; plusieurs d'entre eux avoient été tués : mais on s'étoit expliqué, et tout s'étoit arrangé. Un moment après nous entendîmes de grands cris, qui nous parurent annoncer quelque terrible catastrophe, ou en être la suite ; la hache de nos sapeurs avoit attenté aux branches seches d'un tronc pourri, qui avoit paru à nos soldats très propre à faire bouillir la soupe ; et ce fut bien un autre grief que le premier.

La croyance dans un Être suprême, quelques principes de morale, enfin tout ce qui est raisonnable suffit à l'homme sage ; mais aux passions de l'homme ignorant il faut des divinités intermédiaires, des divinités grossieres, analogues à sa grossiere imagination, des divinités vicieuses, pour ainsi dire, avec lesquelles il puisse traiter de ses habitudes vicieuses. La religion de Mahomet, qui se réduit à des préceptes, ne peut donc suffire à l'ignorance fantastique des Arabes ; aussi, malgré leur aveugle respect pour le koran, et leur obéissance absolue pour tout ce qui vient de leur prophète, malgré l'anathême prononcé contre tout ce qui s'en écarte ; ils n'ont pu se soustraire à l'hérésie, et au charme de l'idolâtrie : ils ont donc aussi des saints, auxquels ils n'assignent point de place à part dans leur paradis, où tout est commun, mais auxquels ils élèvent des tombeaux, et dont ils révèrent la cendre ; et ce qu'il y a d'étrangement stupide, c'est que ces saints ne deviennent l'objet de leur culte qu'après leur avoir servi de risée pendant leur vie. Ils attribuent aux *pauvres d'esprit*, quand ils sont morts, des pouvoirs et des influences : l'un est le père de la lumière, et guérit le mal des yeux ; un autre est le père de la génération, et préside aux accouchements, etc., etc. La plupart de ces saints, accroupis à l'angle d'une muraille, ont passé leur vie à répéter sans cesse le mot *Allah*, et à recevoir sans reconnoissance ce qui a suffi à leur subsistance ; d'autres à se frapper la tête avec des pierres ; d'autres, couverts de chapelets, à chanter des hymnes ; d'autres enfin, tels que les fakirs, à rester immobiles, et absolument nus, sans témoigner jamais la moindre sensation, et attendant une aumône, qu'ils ne demandent point, et dont ils ne remercient jamais. Outre cette idolâtrie, il en est encore d'autres qui ont du rapport avec la magie : ce sont, par exemple, des pierres, des arbres, qui recelent un bon ou un mauvais génie, et qui deviennent sacrés, dont on ne peut rien détacher sans profanation ; auxquels on va faire des confidences domestiques, et communiquer ses projets ; le culte en est mystérieux et secret, mais on les révere publiquement. Il y avoit un arbre de ce genre à Chendaouyéh, et c'étoit le danger qu'il avoit couru qui avoit excité la rumeur : j'allai le voir, et je fus frappé de sa décrépitude ; il n'y avoit plus qu'une de ses branches qui portât des feuilles ; toutes les autres, desséchées et rompues, étoient scrupuleusement conservées à l'endroit où en se détachant du tronc elles étoient tombées sur le sol :

j'examinai cet arbre avec attention ; j'y trouvai des cheveux attachés avec des clous, des dents, des petits sacs de cuir, de petits étendards, et tout près des tombeaux, des pierres isolées, un siege en forme de selle, sous lequel étoit une grosse lampe. Les cheveux avoient été cloués par des femmes pour fixer l'inconstance de leurs maris : les dents appartenoient à des adultes, qui les consacrent pour implorer le retour des secondes ; et de tous les miracles c'est le plus ordinaire, car ils possedent les plus belles et les meilleures dents : les pierres sont votives, afin que la maison que l'on va fabriquer soit toujours habitée par celui qui va la bâtir ; le siege est le lieu où se met celui qui adresse son vœu de nuit, après avoir allumé la lampe qui est dessous ; cérémonie à laquelle j'aurois voulu assister pour en faire une vue avec l'effet mystérieux de la nuit. Voyez cet arbre tel que je l'ai vu (*planche* XXV, n° 2.); on peut voir aussi (*planche* CI, n° 7) une figure de ces santons, et deux autres de ceux qui sont nus (*planche* XXX, n° 3); on peut voir aussi, à l'article des têtes (*pl.* CVII., n° 2), les figures particulieres de ces êtres, parmi lesquels il y en a qui sont du plus grand caractere, qui tiennent plutôt à l'élévation de l'histoire qu'aux formes triviales et avilies qui accompagnent d'ordinaire la misere et l'habitude de la mendicité.

A Chendaouyéh, nous bivouacquâmes dans un bois de palmiers, où pour la premiere fois je trouvai du gazon en Égypte. A peine nous étions enveloppés dans nos manteaux, une fusillade nou remit debout; nous passâmes la nuit à faire la ronde des postes, et à chercher vainement ce qui nous avoit donné cette alerte : je fis un dessin de ce bivouac pittoresque (*voyez pl.* XXVIII, n° 1). Le lendemain, nous arrivâmes à Bénésouef.

Desaix avoit été chargé de poursuivre Mourat-bey, et de faire la conquête de la haute Égypte, où ce dernier s'étoit réfugié après la bataille des pyramides; le même jour, la division Desaix étoit allée prendre position en avant du Caire, et lui n'étoit venu dans cette ville que pour prendre les ordres du général en chef, et concerter ses mouvements avec les siens : il en étoit parti le 8 fructidor avec une flottille qui devoit convoyer sa marche.

Informé qu'une partie des provisions et munitions des Mamelouks étoit sur des bateaux à Réchuésé, Desaix avoit, malgré l'inondation, marché pour les enlever; et la vingt-unieme légere, ayant traversé huit canaux et le lac Bathen avec de l'eau jusque sous les bras, avoit atteint le convoi a Bénéseh, chassé les Mamelouks qui devoient le défendre, et s'en étoit emparée. Mourat avoit fui dans le Faïoum ; Desaix avoit rejoint sa division à Abougirgé, avoit marché sur Tarout-el-Cherif, où il avoit pris position à l'entrée du canal Jusef, pour assurer ses communications avec le Caire. Arrivé à Siouth, où les Mamelouks n'avoient osé l'attendre, il avoit essayé de les joindre à Bénéadi, où ils s'étoient retirés avec leurs femmes et leurs équipages : les ayant enfin tous rassemblés dans le Faïoum, il étoit reparti de Siouth pour descendre à Tarout-êl-Cherif; il y avoit embarqué son armée, lui avoit fait remonter le canal de Jusef, malgré les obstacles inouis qu'offroient les sinuosités de ce canal, malgré les attaques des Mamelouks, et les oppositions des habitants, étonnés de se voir obligés de servir au succès d'opérations qu'ils avoient regardées d'abord comme impossibles. Desaix arriva cependant à la hauteur de Manzoura, sur le bord du désert, où il joignit enfin Mourat: ne pouvant effectuer son débarquement sous le feu de l'ennemi, il fit virer de bord pour revenir à Minkia; les Mamelouks, encouragés par cette contre-marche, harcellent les barques; des compagnies de grenadiers les chassent et les dispersent : le débarquement s'effectue, les troupes se forment en bataillons carrés : on reprend le chemin du désert, accompagné des barques, jusque vis-à-vis de Manzoura. Mourat-bey étoit à deux lieues; tandis que son arriere-garde nous harcelle, il gagne les hauteurs, où on le voit se déployer avec toute la magnificence orientale. Avec des lunettes on put distinguer sa personne toute resplendissante d'or et de pierreries ; il étoit entouré de tous les beys et kiachefs qu'il commandoit. On marche droit à lui ; et cette brillante cavalerie, toujours incertaine dans ses opérations, canonnée par deux de nos pieces, les seules qui eussent pu suivre, s'arrête, se replie, et se laisse chasser jusqu'à El-belamon. En la suivant, on s'étoit éloigné des barques ; nous manquions de vivres, il fallut rétrograder pour venir chercher du biscuit : l'ennemi croit que nous fuyons ; il nous attaque avec des cris qui ressemblent à des hurlements : nos canons en éloignent la masse ; mais les plus déterminés viennent avec leurs sabres braver notre mousqueterie, et enlever deux hommes jusque sous nos baïonnettes ; la nuit seule nous délivre de leur obstination. On regagne les barques, on se charge de biscuit ; et après avoir pris quelque repos, on se remet en marche. Pendant ce temps, Mourat-bey avoit fait venir à son armée un inconnu qui répandoit la nouvelle que les Anglais avoient détruit ce qu'il y avoit de Français à Alexandrie, que les habitants du Caire avoient massacré ceux qui occupoient cette ville, enfin qu'il ne restoit en Égypte que cette poignée de soldats que l'on avoit vus fuir la veille, et que l'on alloit anéantir : il y eut une fête ordonnée, et dans cette fête un simulacre de combat, où les Arabes représentant les Français avoient ordre de se laisser vaincre ; la fête se termina à la maniere des cannibales, c'est-à-dire qu'ils massacrerent les deux prisonniers qu'ils avoient faits deux jours auparavant.

Desaix avoit appris que Mourat étoit à Sediman, qu'il s'ébranloit pour le joindre et lui livrer bataille ; il résolut de l'attaquer lui-même ; dès que nous eûmes quitté le pays couvert et cultivé, et que sur une surface unie l'œil put nous compter, des cris d'une joie féroce se firent entendre ; mais la journée étoit avancée, les ennemis remirent au lendemain une victoire qu'ils croyoient assurée. La nuit se passa en fêtes dans leur camp ; leurs patrouilles venoient dans les ténèbres insulter nos avant-postes en contrefaisant notre langage. Au premier rayon du jour, on se forma en bataillon carré avec deux pelotons aux flancs; peu de temps après, on vit Mourat-bey à la tête de ses redoutables Mamelouks, et huit à dix mille Arabes, couvrant vis-à-vis de nous un horizon d'une lieue d'étendue. Une vallée séparoit les deux armées; il falloit la franchir pour attaquer ceux qui nous attendoient; à peine nous voient-ils engagés dans cette position désavantageuse qu'ils nous enveloppent de toutes parts, et nous chargent avec une bravoure qui tenoit de la fureur : notre masse pressée rend leur nombre inutile; notre mousqueterie les foudroie, et repousse leur premiere attaque : ils s'arrêtent, se replient comme pour prendre du champ, et tombent tous à la fois sur un de nos pelotons, il en est écrasé; tout ce qui n'est pas tué, par un mouvement spontanée se jette à terre : ce mouvement démasque l'ennemi pour notre grand carré; il en profite et le foudroie: ce coup de feu l'arrête de nouveau, et le fait encore se replier. Ce qui reste du peloton rentre dans les rangs; on rassemble les blessés. Nous sommes de nouveau attaqués en masse, non plus avec les cris de victoire, mais avec ceux de la rage : la valeur est égale des deux côtés ; ils avoient celle de l'espérance, nous avions celle de l'indignation : nos canons de fusils sont entamés de leurs coups de sabres ; leurs chevaux sont précipités contre nos files, qui n'en sont point ébranlées ; ces animaux reculent à la vue de nos baïonnettes ; leurs maîtres les poussent tournés en arriere, dans l'espoir d'ouvrir nos rangs à force de ruades : nos gens, qui savent que leur salut est dans l'unité de leurs efforts, se pressent sans désordre, attaquent sans s'engager ; le carnage est par-tout, et il n'y a point de mêlée : les tentatives impuissantes des Mamelouks excitent en eux un délire de fureur ; ils lancent contre nous les armes qui n'ont pu autrement nous atteindre, et, comme si ce combat dût être le dernier, nous les voyons jeter fusils, tromblons, pistolets, haches, et masses d'armes; le sol en est jonché. Ceux qui sont démontés se traînent sous les baïonnettes, et viennent chercher avec leurs sabres les jambes de nos soldats; le mourant rassemble sa force, et lutte encore contre le mourant, et leur sang, qui se mêle en abreuvant la poussiere, n'a pas appaisé leur animosité. Un des nôtres renversé avoit joint un Mamelouk expirant, et l'égorgeoit; un officier lui dit: Comment, en l'état où tu es, peux-tu commettre une pareille horreur? Vous en parlez bien à votre aise, vous, lui dit-il, mais moi, qui n'ai plus qu'un moment à vivre, il faut bien que je jouisse un peu.

Les ennemis avoient suspendu leur attaque; ils nous avoient tué bien du monde; mais en se repliant ils n'avoient pas fui, et notre position n'étoit pas devenue plus avantageuse: à peine s'étoient-ils retirés, que, nous laissant à découvert, ils firent jouer une batterie de huit canons, qu'ils avoient masquée, et qui, à chaque décharge, emportoit six à huit des nôtres. Il y eut un moment de consternation et de stupeur; le nombre des blessés augmentoit à chaque instant. Ordonner la retraite étoit rendre le courage à l'ennemi et s'exposer à toute sorte de dangers; différer étoit accroître inutilement le mal et s'exposer à périr tous : pour marcher il falloit abandonner les blessés, et les abandonner étoit les livrer à une mort assurée; circonstance affreuse dans toutes les guerres, et sur-tout dans la guerre atroce que nous faisions! Comment donner un ordre? Desaix, l'ame brisée, reste immobile un instant; l'intérêt général commanda; la voix de la nécessité couvrit les cris des malheureux blessés, et l'on marcha. Nous n'avions à choisir qu'entre la victoire ou une destruction totale; cette situation extrême avoit tellement rapproché tous les intérêts, que l'armée n'étoit plus qu'un individu, et que pour citer les braves il faudroit nommer tous ceux qui la composoient : notre artillerie légere, commandée par le bouillant Tournerie, fit des prodiges d'adresse et de célérité; et tandis qu'elle démonte en courant quelques canons des Mamelouks, nos grenadiers arrivent; la batterie est abandonnée; cette cavalerie à l'instant s'étonne, s'ébranle, se replie, s'éloigne, et disparoît comme une vapeur; cette masse décuple de forces s'évanouit, et nous laisse sans ennemis.

Jamais il n'y eut de bataille plus terrible, de victoire plus éclatante, de résultat moins prévu; c'étoit un rêve dont il ne restoit qu'un souvenir de terreur: pour la représenter j'en fis les deux dessins (n° 1 et 2, *planche* XXIX). J'ai voulu peindre dans ces deux sujets la guerre telle qu'elle est, généreuse et implacable, atroce et sublime (*voyez l'explication des planches*).

L'avantage réel que nous obtînmes à la bataille de Sedinan fut de détacher les Arabes des Mamelouks; mais nous devons encore compter parmi nos succès la terreur qu'acheva de donner à ces derniers notre maniere de combattre; malgré la disproportion du nombre, la position désavantageuse où nous nous étions trouvés, malgré les circonstances qui avoient favorisé leurs armes, et qui avoient dû faire croire à notre destruction totale, le résultat du combat n'avoit été pour eux que la perte d'une illusion. Il s'ensuivit que Mourat-bey n'espéra plus d'enfoncer les lignes de notre infanterie, ni de tenir contre ses attaques ou de les repousser : aussi ne nous laissa-t-il plus de moyens de le vaincre; nous fûmes réduits à poursuivre un ennemi rapide et léger, qui, dans son inquiete précaution ne nous laissoit ni repos ni sécurité. Notre maniere de guerroyer alloit être la même que celle d'Antoine chez les Parthes : les légions romaines renversant les bataillons, sans compter de vaincus, ne trouvoient de résistance que l'espace que l'ennemi laissoit devant elles; mais, épuisées de pertes journalieres, fatiguées de victoires, elles tinrent à fortune de sortir du territoire d'un peuple qui, toujours vaincu et jamais subjugué, venoit le lendemain d'une défaite harceler avec une audace toujours renaissante ceux à qui la veille il avoit abandonné un champ de bataille toujours inutile au vainqueur.

La chaleur des jours, la fraîcheur des nuits dans cette saison, avoient affligé l'armée d'un grand nombre d'ophtalmies; cette maladie est inévitable lorsque de longues marches ou de grandes fatigues sont suivies de bivouacs dans lesquels l'humidité de l'air répercute la transpiration : ces contrastes produisent des fluxions qui attaquent ou les yeux ou les entrailles.

Desaix, pressé de percevoir le miri et de lever des chevaux dans la province dont il vient de s'emparer, laisse trois cents cinquante hommes à Faïoum, et part pour réduire les villages que Mourat-bey avoit soulevés. Pendant qu'il parcourt la province, mille Mamelouks et un nombre de fellahs ou paysans viennent attaquer dans la ville ceux qui y étoient restés malades.

Le général Robin, et le chef de brigade Exuper, atteint aussi de l'ophtalmie, ainsi que ceux qu'il commandoit, font des prodiges de valeur, et repoussent de rue en rue un peuple d'ennemis, après en avoir fait un massacre épouvantable. Desaix rejoint ces braves, et toute l'armée marche sur Bénésouef pour disputer à Mourat-bey le miri de cette riche province.

Arrivé à Bénésouef, Desaix, pour se procurer les moyens de se remettre en campagne, alla au Caire; il y rassembla et fit partir tout ce qu'il croyoit nécessaire pour assurer ses marches, et forcer Mourat à combattre. Redoutant les délices de la capitale, je restai à Bénésouef; quelque peu pittoresque qu'il fût, j'en fis le dessin (*planche* XXX, n° 1).

Sur la rive gauche du Nil, vis-à-vis de Bénésouef, la chaîne arabique s'abaisse, s'éloigne, et forme la vallée de l'Araba ou des Chariots, terminée par le mont Kolsun, fameux par les grottes des deux patriarches des cénobites, S. Antoine et S. Paul, les fondateurs de la secte monastique, les créateurs de ce système contemplatif, si inutile à l'humanité, et si long-temps respecté par les peuples trompés. Sur le sol qui couvre les deux grottes qu'habiterent ces deux saints hermites, il existe encore deux monasteres, de l'un desquels on apperçoit, dit-on, le mont Sinaï au-delà de la mer Rouge. L'embouchure de cette vallée du côté du Nil n'offre qu'une triste plaine, dont une bande étroite sur le bord du fleuve est seule cultivée: au-delà de cette bande, on apperçoit encore quelques restes de villages dévorés par le sable; ils offrent le spectacle affligeant d'une dévastation journaliere, produite par l'empiétement continuel du désert sur le sol inondé.

Rien n'est triste comme de marcher sur ces villages, de fouler aux pieds leurs toits, de rencontrer les sommités de leurs minarets, de penser que là étoient des champs cultivés, qu'ici croissoient des arbres, qu'ici encore habitoient des hommes, et que tout a disparu ; autour des murs, dans leurs murs, par-tout le silence: ces villages muets sont comme les morts dont les cadavres épouvantent.

Les anciens Égyptiens parlant de cet empiétement de sables le désignoient par l'entrée mystérieuse de Typhon dans le lit de sa belle-sœur Isis, inceste qui doit changer l'Égypte en un désert aussi affreux que les déserts qui l'avoisinent; et ce grand évènement arrivera lorsque le Nil trouvera une pente plus rapide dans quelques unes des vallées qui le bordent que dans le lit où il coule maintenant, et qu'il élève tous les jours. Cette idée, qui paroît d'abord extraordinaire, devient probable si l'on considere les lieux. L'élévation du Nil, l'exhaussement de ses rives, lui ont fait un canal artificiel, qui auroit déja laissé le Faïoum sous les eaux, si le calife Jusef n'eût pas élevé des digues sur les anciennes, et creusé un canal d'embranchement au-dessous de Bénésouef, pour rendre au fleuve une partie de celles que le débordement verse chaque année dans ce vaste bassin. Sans les chaussées faites pour arrêter l'inondation, les grandes crues ne feroient bientôt qu'un grand lac de toute cette province: c'est ce qui faillit arriver, il y a vingt-cinq ans, par une inondation extraordinaire, dans laquelle le fleuve ayant surpassé les digues d'Hilaon, il y eut à craindre que toute la province ne restât sous les eaux, ou que le Nil ne reprît une route qu'il est presque évident qu'il a déja tenue dans des siecles bien reculés. C'est donc pour remédier à cet inconvénient qu'on a fabriqué près d'Hilaon une digue graduée, où, dès que l'inondation est arrivée à la hauteur qui arrose cette province sans la submerger, il y a une décharge qui en partage la masse, en fait entrer la quantité nécessaire pour arroser le Faïoum, fait dériver le surplus, et le force à revenir au fleuve par d'autres canaux plus profonds. Si donc l'on osoit hasarder un système, on diroit que, plus anciennement que les temps les plus antiques dont nous ayons connoissance, tout le Delta n'étoit qu'un grand golfe dans lequel entroient les eaux de la Méditerranée; que le Nil passoit à l'ouverture de la vallée qui entre dans le Faïoum; que par le fleuve sans eau il alloit former le Maréotis, qui en étoit l'embouchure dans la mer, ainsi que le lac Madier l'étoit de la bouche Canopite, et que les lacs de Bérélos et de Menzaléh le sont encore des bouches Sebenitique, Mendeisienne, Tanitique, et Pélusiaque; que le lac Bahr-Belame ou le lac sans eau sont les ruines de l'ancien cours de ce fleuve, dans lequel on trouve en pétrification d'irrévocables témoignages de débordements, de végétations, et de travaux humains, qui attestent que ce sol a été exhaussé par le cours du fleuve, et par cette perpétuelle fluctuation des sables qui marchent toujours de l'ouest à l'est; que le Nil, à une certaine époque, trouvant plus de pente au nord qu'au nord-ouest, où il couloit, s'est précipité dans le golfe que nous venons de supposer; qu'il y a formé d'abord des marais, et puis enfin le Delta. Il résulteroit de là que les premiers travaux des anciens Égyptiens, tels que le lac Mœris, aujourd'hui le lac Bathen et la premiere digue, n'ont été faits d'abord que pour retenir une partie des eaux du débordement, pour en arroser la province d'Arsinoé, qui menaçoit de devenir stérile, et que, dans un temps postérieur, le lac Mœris ou Bathen ne recevant plus assez d'eau et ne pouvant plus arroser le

Faïoum, on a été obligé de prendre le fleuve de plus haut, et de creuser le canal Jusef, qui porte sans doute le nom du calife qui aura fait cette grande opération ; mais en même temps, craignant que dans les grandes inondations le Faïoum ne fût inondé sans retour, ce prince aura élevé tout d'un temps de nouvelles digues sur les anciennes telles qu'elles existent maintenant, et fait creuser les deux canaux de Bouche et de Zaoyé, pour faire rentrer dans le fleuve le superflu des eaux.

Les observations sur les nivellements et sur les travaux des Égyptiens aux diverses époques, des plans et des cartes exacts, seront peut-être quelque jour le résultat d'une possession tranquille : ils établiront des certitudes à la place des systêmes ; ils feront connoître à quel degré les Égyptiens se sont de tout temps occupés du régime des eaux, et combien même, dans les siecles d'ignorance, ils ont encore dans cette partie conservé d'intelligence. Après cela, si le Nil continue à appuyer sur sa droite, à grossir, comme il fait déja, la branche de Damiette aux dépens de celle de Rosette; s'il abandonne cette derniere comme il a déja fait de celle du fleuve sans eau, et ensuite de celle de Canope; s'il laisse enfin le lac de Bérélos pour se jeter tout entier dans celui de Menzaléh, ou former de nouvelles branches et de nouveaux lacs à la partie orientale de Péluse; si la nature enfin, toujours plus forte que tout ce qu'on peut lui opposer, a condamné le Delta à devenir un sol aride, les habitants suivront le Nil dans sa marche, et trouveront toujours sur ses rives l'abondance, qu'entraînent par-tout ses bienfaisantes eaux.

D'abord après le départ de Desaix, nous allâmes faire des reconnoissances et une tournée pour la levée des contributions: nous visitâmes les villages qui avoisinent l'embouchure du Faïoum, à une demi-lieue à l'ouest de Bénésouef; nous passâmes le canal; et, après deux heures de marche, nous arrivâmes à Davalta, beau village, c'est-à-dire beau paysage; car en Égypte, lorsque la nature est belle, elle est admirable en dépit de tout ce que les hommes y ajoutent, et n'en déplaise aux détracteurs de Savary qui se mettent en fureur contre ses riantes descriptions. Il faut cependant convenir que sans industrie la nature ici crée d'elle-même des bocages de palmiers, sous lesquels se marient l'oranger, le sycomore, l'oponcia, le bananier, l'acacia, et le grenadier; que ces arbres forment des groupes du plus beau mélange de feuillage et de verdure; que lorsque ces bosquets sont entourés à perte de vue par des champs couverts de doura déja mûr, de cannes à sucre prêtes à être recueillies, de champs de bleds, de lins, et de trefles, qui tapissent de velours verd les gerçures du sol à mesure que l'inondation se retire; lorsque, dans les mois de notre hiver, on a sous les yeux ce brillant tableau des richesses du printemps qui annonce déja l'abondance de l'été, il faut bien dire avec ce voyageur que l'Égypte est le pays que la nature a le plus miraculeusement organisé, et qu'il ne lui manque que des collines ombragées d'où couleroient des ruisseaux, un gouvernement qui rendroit sa population industrieuse, et l'éloignement des Bédouins, pour en faire le plus beau et le meilleur de tous les pays.

En traversant la riche contrée que je viens de décrire, où l'œil découvre vingt villages à la fois, nous arrivâmes à Dindyra, où nous nous arrêtâmes pour coucher. La pyramide d'Hilahoun, située à l'entrée du Faïoum, semble de là une forteresse élevée pour la commander. Seroit-ce la pyramide de Mendes? Le canal de Bathen, qui y aboutit, n'est-il pas le Mœris creusé de mains d'hommes, ainsi que le croient Hérodote et Diodore? car le lac de Birket-êl-Kerun, qui est le Mœris de Strabon et de Ptolomée, ne peut jamais être regardé que comme l'ouvrage de la nature. Quelque accoutumés que nous soyons aux travaux gigantesques des Égyptiens, nous ne pourrions nous persuader qu'ils eussent creusé un lac comme celui de Geneve. Tout ce que les historiens et les géographes anciens ont dit du lac de Mœris est équivoque et obscur; on voit évidemment que ce qu'ils en ont écrit leur a été dicté par ces colleges de prêtres, toujours jaloux de tout ce qui regardoit leur pays, et qui auront jeté d'autant plus facilement un voile mystérieux sur cette province qu'elle étoit écartée de la route ordinaire; et de là sont venus ce lac creusé de trois cents pieds de profondeur, cette pyramide élevée au milieu, ce fameux labyrinthe, ce palais des cent chambres, ce palais pour nourrir des crocodiles, enfin tout ce qu'il y a de plus fabuleux dans l'histoire des hommes, et tout ce qui nous reste d'incroyable dans celle de l'Égypte. Mais, à l'aspect de ce qui existe, on trouve qu'effectivement il y a un canal, qui est celui de Bathen, et qui étoit encore sous l'eau de l'inondation lorsqu'à plusieurs reprises nous nous en sommes approchés; que la pyramide d'Hilahoun peut être celle de Mendes, qui auroit été bâtie à l'extrémité de ce canal, qui seroit le Mœris; que le lac Birket-él-Kerun n'est qu'un dépôt d'eau qui a dû toujours exister, et dont le bassin aura été donné par le mouvement du sol, entretenu et renouvelé chaque année de l'excédent du débordement qui arrose le Faïoum; les eaux en seront devenues saumâtres à l'époque où le Nil aura cessé de couler par la vallée du fleuve sans eau. Les preuves de ce système sont les formes locales, l'existence du lit d'un fleuve prolongé jusqu'à la mer, ses dépositions et ses incrustations, la profondeur du lac, son extension, sa masse appuyée au nord à une chaîne escarpée, qui court de l'est à l'ouest, et dérive au nord-ouest pour suivre en s'abaissant jusqu'à la vallée du fleuve sans eau; enfin les lacs de natron, et, plus que tout cela, la chaîne au nord de la pyramide qui ferme l'entrée de la vallée, coupée à pic, comme presque toutes les montagnes dont le courant du Nil s'approche encore aujourd'hui, offrant aux yeux l'aspect d'un fleuve à sec et de ses destructions (*voyez planche* XXVI, n° 1; *l'escarpement de cette roche est à droite de la pyramide.*)

Les ruines que l'on trouve près de la ville de Faïoum sont sans doute celles d'Arsinoé : je ne les ai pas vues, non plus que celles qui sont à la pointe occidentale du lac, près du village de Kasr-Kerun ; mais on m'en a fait voir le plan, et il n'offre que quelques chambres, avec un portique décoré de quelques hiéroglyphes.

La pyramide d'Illahoun, la plus délabrée de toutes les pyramides que j'aie vues, est aussi celle qui avoit été bâtie avec le moins de magnificence ; sa construction est composée de masses de pierres calcaires, qui servent de noyau à un monceau de briques non cuites : cette frêle construction, plus ancienne peut-être que les pyramides de Memphis, existe cependant encore (*même planche* XXVI, $n°$ 1), tant le climat de l'Égypte est favorable aux monuments ; ce qui seroit dévoré par quelques uns de nos hivers résiste victorieusement ici au poids destructeur d'une masse de siecles.

Il est des heures malencontreuses où tous les mouvements que l'on fait sont suivis d'un danger ou d'un accident. Comme je revenois de cette tournée pour rentrer à Bénésouef, le général me charge d'aller porter un ordre à la tête de la colonne : je me mets au galop ; un soldat qui marchoit hors des rangs m'entend venir, se tourne à gauche comme je passois à sa droite, et par ce mouvement me présente sa baïonnette que je n'ai plus le temps d'éviter, et dont le coup me souleve de ma selle, et le contre-coup jette le soldat par terre. Voilà un savant de moins, dit-il en tombant ; car pour nos soldats en Égypte tout ce qui n'étoit point militaire étoit savant. Quelques piastres que j'avois dans la petite poche de la doublure de mon habit m'avoient servi de bouclier ; j'en fus quitte pour un habit déchiré. Arrivé à la tête de la colonne, j'y trouve l'aide-de-camp Rapp : nous étions bien montés, le pas de nos chevaux avoit devancé l'infanterie ; c'étoit à la tombée du jour ; plus on approche du tropique et moins il y a de crépuscule ; le soleil plongeant perpendiculairement sous l'horizon, l'obscurité suit immédiatement ses derniers rayons. Les Bédouins infestoient la campagne ; nous apperce-

22.

vons quelques points dans la plaine qui étoit immense; Rapp me dit : Nous sommes mal ici, regagnons la colonne, ou franchissons l'espace, et arrivons à Bénésouef. Je savois que le parti le plus hardi étoit celui que préféroit mon compagnon: j'accepte le dernier; nous piquons des deux, et bravons les Bédouins, dont c'étoit l'heure de la chasse : la course étoit longue; nous doublons le mouvement; mon cheval s'échauffe, et m'emporte; la nuit arrive, elle étoit noire lorsque je me trouve sous les retranchements de Bénésouef. Je crois pouvoir tenir la même route que le matin; mon cheval bronche, je le releve d'un coup d'éperon; il saute un fossé qu'on avoit fait dans la journée, et je me trouve de l'autre côté, le nez contre une palissade, sans pouvoir avancer ni reculer. Pendant ce temps la sentinelle avoit crié, je n'avois pas entendu ; elle tire, j'appelle en français; elle me demande ce que je fais là, me gronde, me renvoie; et voilà le mal-adroit ou le savant avec un coup de baïonnette, un coup de fusil, querellé, et remené chez lui comme un écolier sorti sans permission de son college.

Le 19 frimaire, le général Desaix revint du Caire, amenant douze cents hommes de cavalerie, six pieces d'artillerie, six djermes armées et bastinguées, et deux à trois cents hommes d'infanterie; ce qui faisoit sa division forte de trois mille hommes d'infanterie, douze cents chevaux, et huit pieces d'artillerie légere; il avoit ainsi tout ce qu'il falloit pour suivre, attaquer et battre Mourat-bey, s'il vouloit se laisser approcher. Nous étions pleins de courage et d'espoir. J'étois peut-être le seul qui dans tout cela n'eût à acquérir ni gloire ni grade; mais je ne pouvois me défendre de m'enorgueillir de mon énergie; mon amour-propre étoit exalté de marcher avec une armée toute brillante de victoires, d'avoir repris mon poste à l'avant-garde de l'expédition, d'être sorti le premier de Toulon, et de marcher avec l'espoir d'arriver le premier à Syene, enfin de voir mes projets se réaliser, et de toucher au but de mon voyage: en effet ce n'étoit que de là que commençoit la partie importante de mon expédition particuliere; j'allois défricher, pour ainsi dire, un pays neuf; j'allois voir le premier, et voir sans préjugé; j'allois fouler une terre couverte de tout temps du voile du mystere, et fermée depuis deux mille ans à tout Européen. Depuis Hérodote jusqu'à nous, tous les voyageurs, sur les pas les uns des autres, ont remonté rapidement le Nil, n'osant perdre de vue leurs barques, ne s'en éloignant quelques heures que pour aller avec inquiétude à quelque cent toises visiter rapidement les objets les plus voisins; ils s'en rapportoient à des récits orientaux pour tout ce qui n'est pas sur les bords du fleuve. Encouragé par l'accueil que me faisoit le général en chef, secondé par tous les officiers qui partageoient mon amour pour les arts, je ne craignois plus que de manquer de temps, de crayons, de papier, et de talent: j'étois accoutumé au bivouac, et le biscuit de munition ne m'épouvantoit pas; je ne craignois de Mourat-bey que de le voir entrer dans le désert, et nous promener de Bénésouef au Faïoum, et du Faïoum à Bénésouef.

Enfin nous partîmes de cette ville le 26 au soir : le spectacle du départ étoit admirable; je regrettai d'être trop occupé pour en pouvoir faire un dessin : notre colonne avoit une lieue d'étendue ; tout respiroit la joie et l'espérance. A la tombée du jour, nous fûmes attristés par la vue d'une terre en friche, et d'un village abandonné; le silence de la nuit, un sol inculte, des maisons désertes, combien de tels objets apportent d'idées mélancoliques ! c'est la tyrannie qui commence cette affreuse dépopulation, qu'achèvent le désespoir et le crime. Lorsque le maître d'un village a exigé tout ce que le pays peut donner, que la misere des habitants est encore troublée par de nouvelles demandes, réduits au désespoir, ils opposent la force à la force; dès-lors, en état de guerre, on leur court sus; et si, en se défendant, ils ont le malheur de tuer quelques satellites de leurs tyrans, il ne leur reste de ressource que la fuite pour sauver leur vie, et le vol pour l'alimenter; hommes, femmes, enfants, errants, rayés de la société, deviennent la terreur de leurs voisins, ne paroissent dans leurs foyers que furtivement, et, comme des oiseaux de nuit, se servent de leurs murailles comme repaires de leur brigandage, et n'y reparoissent plus que momentanément pour épouvanter ceux qui pourroient vouloir leur succéder. C'est ainsi que ces villages, devenus l'asyle du crime, n'offrent plus aux regards que friches, ruines, silence, et désolation.

Nous arrivâmes à El-Beranqah à une heure de nuit; nous en partîmes dès la pointe du jour; nous vînmes déjeuner à Bébé, village considérable, qui n'a rien de particulier que de posséder le poignet de S. George, relique très recommandable pour tout pieux chevalier: ici la chaîne arabique se rapproche si fort du Nil, qu'elle ne laisse qu'un ruban verd sur sa rive.

A Miniel-Guidi, nous fûmes retardés par des accidents arrivés aux trains de notre artillerie dans les passages des canaux; nous apprîmes là que les Mamelouks étoient à Fechneh. Pendant que nous attendions assis à l'ombre, on amena au général Desaix un criminel. On crioit, C'est un voleur; il a volé des fusils aux volontaires, on l'a pris sur le fait; et nous vîmes paroître un enfant de douze ans, beau comme un ange, blessé au bras d'un large coup de sabre; il regardoit sa blessure sans émotion : il se présenta d'un air naïf et confiant au général, qu'il reconnut aussitôt pour son juge. O puissance de la grace naïve! pas un assistant n'avoit conservé de colere. On lui demanda qui lui avoit dit de voler ces fusils: *Personne*; qui l'avoit porté à ce vol : *Il ne savoit, le fort, Dieu*; s'il avoit des parents: *Une mere seulement, bien pauvre et aveugle :* le général lui dit que s'il avouoit qui l'avoit envoyé, on ne lui feroit rien; que s'il s'obstinoit à se taire, il alloit être puni comme il le méritoit: *Je vous l'ai dit, personne ne m'a envoyé, Dieu seul m'a inspiré;* puis mettant son bonnet aux pieds du général : *Voilà ma téte, faites-la couper*. Religion fatale, où des principes vicieux, unis au dogme, mettent l'homme entre l'héroïsme et la scélératesse ! Pauvre petit malheureux ! dit le général ; qu'on le renvoie. Il vit que son arrêt étoit prononcé ; il regarda le général, celui qui devoit l'emmener, et devinant ce qu'il n'avoit pu comprendre, il partit avec le sourire de la confiance ; sourire qui arriva jusqu'au fond de mon cœur : je fis le mieux que je pus un dessin de cette scene. C'est par des anecdotes qu'on peut faire connoître la morale des nations ; c'est par des anecdotes, plutôt que par des discussions, que l'on peut développer l'influence des religions et des lois sur les peuples (*voyez planche* XXXVI, n° 1).

A cette scene touchante succéda un évènement étrange, de la pluie : elle nous donna pour un instant une sensation qui nous rappela l'Europe et le premier parfum du printemps au 17 décembre. Quelques moments après ou vint nous avertir que les Mamelouks nous attendoient à deux lieues de là avec une armée de paysans : dès-lors alégresse ; bataille pour le soir ou au plus tard pour le lendemain. A l'approche de Fechneh nous découvrîmes un détachement de Mamelouks, qui nous laissa approcher à la demi-portée du canon, et disparut: on nous dit que le gros corps étoit à Saste-Elsayéné, à une lieue plus loin; les canons se faisoient attendre, leur marche étoit à chaque instant arrêtée par les canaux; et, malgré la volonté du général de joindre l'ennemi, et de l'attaquer avant même que l'ordre de bataille fût complet, nous ne pûmes arriver à Saste qu'à la nuit; et il y avoit deux heures que les Mamelouks en étoient sortis. A Saste, nous sûmes qu'ils avoient appris notre marche à la moitié de la journée, dans le moment où les habitants débattoient leurs intérêts sur ce qu'ils exigeoient d'imposition extraordinaire; et dès-lors ils ne penserent plus qu'à charger leurs chameaux, nous nommant *fléau de Dieu*, envoyé pour les punir de leurs fautes; et en vérité ils auroient pu employer des expressions moins pieuses.

Ils allumerent des feux qui furent bientôt éteints. Nous partîmes le 28 à la pointe du jour; ils nous avoient précédés de deux heures, et avoient pris trois lieues d'avance sur nous; ils marchoient en s'éloignant du Nil, entre le Bar-Juseph et le désert, abandonnant le pays le plus riche de l'univers. Dans cette troisième traversée, je ne trouvai point ce canal droit comme il est tracé sur toutes les cartes: un nivellement général pourroit seul faire connoître le systême et le régime des arrosements, et ce qui appartient à la nature ou aux travaux des hommes dans cette partie intéressante de l'Égypte. Vers le soir, nous traversâmes à gué le canal de Juseph, qui à cet endroit paroît n'être que la partie la plus basse de la vallée, le réceptacle de l'écoulement des eaux, et point du tout l'ouvrage de l'art, qui ne se manifeste nulle part. Le secret sur tout cela est réservé à une grande opération faite en temps de paix, qui pourra déterminer ce qu'il y auroit à faire pour recouvrer les avantages négligés ou perdus de ce mystérieux canal. Ce travail important auroit été celui du général Caffarelli, toujours si ardent pour tout ce qui pouvoit contribuer au bien de tous, si la mort n'eût enlevé dans sa personne un ami tendre au général en chef, un bienfaiteur à l'Égypte entiere.

Au simple examen de ces nivellements je serois porté à croire que cette partie de l'Égypte est devenue plus basse que les bords exhaussés du Nil, et qu'après l'inondation générale le refoulement des eaux les fait se rassembler dans cette partie. J'ai vu depuis, dans la haute Égypte, l'effet de la filtration qui s'en opere; ces eaux n'ayant dans cette région ni vallées ni canaux pour s'écouler après l'inondation, cette grande masse pénetre l'épaisseur du sol végétable, rencontre une couche de terre glaise, et revient au fleuve par des filons lorsque son décroissement l'a mis au-dessous de la superficie de cette couche. Ne seroit-ce pas à cette même opération de la nature que l'on doit les oasis?

Nous vîmes des outardes; elles étoient plus petites que celles d'Europe, ainsi que toutes les especes d'animaux communs aux deux continents. Nous nous approchâmes du désert, *qui marchoit à nous;* car, comme l'ont dit les anciens Égyptiens, c'est le tyran Thyphon, qui envahit sans cesse l'Égypte. Les montagnes étoient encore à deux lieues, et nous touchions aux dunes, qui sont l'ourlet entre les déserts et les terres cultivées. Pendant que nous faisions halte on vint nous dire que les Mamelouks en étoient aux mains avec nos avant-gardes: on fait des nouvelles à Paris d'un quartier à l'autre, on en fait aussi dans une division de l'avantgarde au grand corps; mais comme à l'armée il n'est jamais permis de les rejeter quand elles sont possibles, celle-ci pressa notre marche: nous ne trouvâmes point l'ennemi, et vînmes coucher près du village de Benachie, dans un joli bois de palmiers.

Le 29, à la pointe du jour, nous nous mîmes en route avec le constant espoir de joindre l'ennemi; nous apprîmes qu'il avoit marché toute la nuit: l'artillerie appesantissoit notre marche, y mettoit à chaque instant de petits obstacles; les

Mamelouks n'en avoient point, et ils avoient encore pour eux le désert, au milieu duquel ils défioient notre ardeur : nous tentâmes de nous y enfoncer ; bientôt nos chevaux de trait furent sur les dents ; nous arrivâmes par cette route à Benesech, où heureusement pour moi on fut obligé de faire halte.

Benesech fut bâti sur les ruines de l'antique Oxyrinchus, capitale du trente-troisieme nome ou province de l'Égypte ; il ne reste de son ancienne existence que quelques tronçons de colonnes en pierre, des colonnes en marbre dans les mosquées, et enfin une colonne debout, avec son chapiteau et une partie de son entablement, qui annoncent que ce fragment faisoit l'angle d'un portique d'ordre composite. Le desir de dessiner, sur-tout depuis que j'en trouvois rarement l'occasion, m'avoit fait prendre les devants : ce n'étoit pas sans quelque danger que j'étois arrivé seul une demi-heure avant la division ; mais rester après eût été plus périlleux encore : je n'eus donc que le temps de parcourir à cheval et de faire une vue de ce triste pays, et de dessiner la seule colonne debout qui soit restée de son ancienne splendeur (*voyez pl.* XXXI, *n*° 1 *et* 2): de ce point on apperçoit un monument sortir des mains de la nature et du temps, qui, au lieu d'exciter l'admiration et la reconnoissance, porte dans l'ame un sentiment mélancolique; Oxyrinchus, autrefois capitale, entourée d'une plaine fertile, éloignée de deux lieues de la chaîne libyque, a disparu sous le sable; l'ancien Benesech, au-delà d'Oxyrinchus, a disparu aussi sous le sable; la nouvelle ville est obligée de fuir ce fléau en lui abandonnant chaque jour quelques habitations, et finira par aller se retrancher au-delà du canal Juseph, au bord duquel il vient encore la menacer. Ce beau canal semble vous offrir ses rives fleuries pour consoler vos yeux des horreurs du désert; du désert! nom terrible à qui l'a vu une fois, horizon sans bornes, dont l'espace vous oppresse, dont la surface ne vous présente si elle est unie qu'une tâche pénible à parcourir, où la colline ne vous cache ou ne vous découvre que la décrépitude et la décomposition, où le silence de la non-existence regne seul sur l'immensité. C'est pour cela sans doute que les Turcs vont y placer leurs tombeaux : des tombeaux dans le désert, c'est la mort et le néant.

Fatigué de dessiner, je me livrois, me croyant seul, à toute la mélancolie que m'inspiroit ce tableau, lorsque j'apperçus Desaix dans la même attitude que moi, pénétré des mêmes sensations :

Mon ami, me dit-il, ceci n'est-il point une erreur de la nature? rien n'y reçoit la vie; tout semble être là pour attrister ou épouvanter; il semble que la Providence, après avoir pourvu abondamment les trois autres parties du monde, a manqué tout-à-coup d'un élément lorsqu'elle voulut fabriquer celle-ci, et que, ne sachant plus comment faire, elle l'abandonna sans l'achever. — N'est-ce pas bien plutôt, lui dis-je, la décrépitude de la partie du monde la plus anciennement habitée? ne seroit-ce pas l'abus qu'en auroient fait les hommes qui l'a réduite en cet état? Dans ce désert il y a des vallées, des bois pétrifiés; il y a donc eu des rivieres, des forêts: ces dernieres auront été détruites; dès-lors plus de rosée, plus de brouillards, plus de pluie, plus de rivieres, plus de vie, plus rien.

Nous trouvâmes dans les mosquées de Benesech une quantité de colonnes de différents marbres, qui sont sans doute les dépouilles de l'antique Oxyrinchus, mais qui n'avoient point appartenu au temps des Égyptiens.

Nous nous remîmes en chemin en suivant le canal, qui dans cette partie ressemble à la Marne : après une lieue, nous vîmes une explosion considérable dont nous n'entendîmes pas le bruit; nous pensâmes que c'étoit un signal; ce ne fut que le surlendemain que nous sûmes que c'étoit une partie de la poudre des Mamelouks qui avoit pris feu : un quart-d'heure après, nous nous saisîmes d'un convoi de huit cents moutons, que je crois bien qu'on fit semblant de croire leur appartenir ; enfin il consola notre troupe des fatigues de cette grande journée. Nous arrivâmes à Elsack trop tard pour pouvoir sauver ce village du pillage; en un quart-d'heure il ne resta rien dans les maisons, rien dans l'exactitude du mot; les habitants arabes s'étoient sauvés dans les champs: on leur dit de revenir; ils répondirent froidement : Qu'irions-nous chercher chez nous? ces champs déserts ne sont-ils pas pour nous comme nos maisons? Nous n'avions rien à répondre à cette phrase laconique.

Le lendemain 30 n'offrit rien de très intéressant. Nous trouvâmes le lac Bathen tortueux comme le lac Juseph : le nivellement du sol de l'Égypte nous en donnera quelque jour la coupe, et nous éclaircira l'histoire ténébreuse de ses irrigations tant anciennes que modernes ; avant cette opération, tous les raisonnements seroient téméraires, et les assertions illusoires. Nous vînmes coucher à Tata, grand village, habité par les Cophtes, et un chef arabe, qui avoit rejoint Mourat-bey, laissant à notre disposition une belle maison, et des matelas sur lesquels nous passâmes une nuit délicieuse: nous pouvions si rarement dormir avec quelque commodité!

Le lendemain, 1ᵉʳ nivose, nous traversâmes des champs de pois et de féves déja en grains, et d'orge en fleur.

A midi, nous arrivâmes à Mynyeh, grande et jolie ville, où il y avoit autrefois un temple à Anubis. Je n'y trouvai point de ruines, mais de belles colonnes de granit dans la grande mosquée, colonnes bien fuselées, avec un astragale très fin : faisoient-elles partie du temple d'Anubis? je ne sais; mais elles étoient sûrement d'un temps postérieur à celles des temples de la haute antiquité égyptienne que j'ai vus dans la suite de mon voyage.

Les Mamelouks étoient partis de la ville de Mynyeh, et avoient manqué d'être surpris par notre cavalerie qui y arriva quelques heures après; ils avoient été obligés d'abandonner cinq bâtiments armés de dix pieces de canon, et d'un mortier à bombe; ils en avoient enterré deux autres: plusieurs déserteurs grecs qui les montoient vinrent nous joindre.

Mynyeh étoit la plus jolie petite ville que nous eussions encore vue; d'assez belles rues, de bonnes maisons, fort bien situées, et le Nil coulant dans un large et riant bassin. J'en fis un dessin (n° 3, *planche* XXXII).

De Mynyeh à Come-el-Caser, où nous couchâmes, la campagne est plus abondante et plus riche que toutes celles que nous avions parcourues, et les villages si nombreux et si rapprochés, qu'au milieu de la plaine j'en comptai vingt-quatre autour de moi; ils n'étoient point attristés par des monticules de décombres, mais tellement plantés d'arbres si touffus, que l'on croyoit voir les tableaux que les voyageurs nous ont transmis des habitations des isles de la mer Pacifique.

Le lendemain, à onze heures, nous nous trouvâmes entre Antinoé et Hermopolis. Je n'étois pas très curieux de visiter Antinoé; j'avois vu des monuments du siècle d'Adrien, et ce qu'il avoit bâti en Égypte ne pouvoit rien avoir de piquant ni de nouveau pour moi, mais je brûlois d'aller à Hermopolis, où je savois qu'il y avoit un portique célebre; aussi quelle fut ma satisfaction lorsque Desaix me dit: Nous allons prendre trois cents hommes de cavalerie, et nous courrons à Achmounin, pendant que l'infanterie se rendra à Melaui.

En approchant de l'éminence sur laquelle est bâti le portique, je le vis se dessiner sur l'horizon, et déployer des formes gigantesques: nous traversâmes le canal d'Abou-Assi, et bientôt après, à travers des montagnes de débris, nous atteignîmes à ce beau monument, reste de la plus haute antiquité.

Je soupirois de bonheur: c'étoit, pour ainsi dire, le premier produit de toutes les avances que j'avois faites; c'étoit le premier fruit de mes travaux; en exceptant les pyramides, c'étoit le premier monument qui fût pour moi un type de l'antique architecture égyptienne, les premieres pierres qui eussent conservé leur premiere destination, qui, sans mélange et altération, m'attendissent là depuis quatre mille ans pour me donner une idée immense des arts et de leur perfection dans cette contrée. Un paysan qu'on sortiroit des chaumieres de son hameau, et que l'on mettroit tout d'abord devant un pareil édifice, croiroit qu'il y a un grand intervalle entre lui et les êtres qui l'ont construit; sans avoir aucune idée de l'architecture, il diroit: Ceci est la maison d'un dieu; un homme n'oseroit l'habiter. Sont-ce les Égyptiens qui ont inventé et perfectionné un si grand et si bel art? c'est sur quoi il est difficile de prononcer; mais ce dont je ne pus douter dès le premier instant que j'apperçus cet édifice, c'est que les Grecs n'avoient rien inventé et rien fait d'un plus grand caractere. La premiere idée qui vint troubler ma jouissance, c'est que j'allois quitter ce grand objet, c'est que mes moments étoient comptés; et que le dessin que j'allois faire ne pourroit rendre la sensation que j'éprouvois: il falloit du temps et un grand talent; je manquois de l'un et de l'autre; mais si je n'osois mettre la main à l'œuvre, je n'osois m'éloigner sans emporter avec moi un dessin quelconque, et je ne me mis à l'ouvrage qu'en desirant bien sincèrement qu'un autre plus heureux que moi pût faire un jour ce que j'allois ébaucher. (*voyez n°* 1 *, planche* XXXIII).

Si quelquefois le dessin donne un grand aspect aux petites choses, il rapetisse toujours les grandes; les chapiteaux, qui paroissent pesants, les bases ramincies, qui sont bizarres dans le dessin, ont par leur masse quelque chose d'imposant qui arrête la critique: ici on n'ose adopter ni rejeter; mais ce qu'il faut admirer, c'est la beauté des lignes principales, la perfection de l'appareil, l'emploi des ornements, qui font richesse de près, sans nuire à la simplicité qui produit le grand. Le nombre immense des hiéroglyphes qui couvrent toutes les parties de cet édifice, non seulement n'ont point de relief, mais ne coupent aucune ligne, disparoissent à vingt pas, et laissent à l'architecture toute sa gravité. La gravure, plus que la description, donnera une idée précise de ce qui est conservé de cet édifice; l'explication de l'estampe et le plan acheveront de donner toutes les dimensions que j'ai pu m'en procurer.

Parmi les monticules, à deux cents toises du portique, on voit à demi enfouis d'énormes quartiers de pierres, et des substructions, qui paroissent être celles d'un édifice auquel appartenoient des colonnes de granit, enfouies, et qu'à peine on distingue à la superficie du sol: plus loin, toujours sur les décombres de la grande Hermopolis, est bâtie une mosquée, où il y a nombre de colonnes de marbre cipolin, de médiocre grandeur, et toutes retouchées par les Arabes; ensuite vient le gros village d'Achmounin, peuplé d'environ cinq mille habitants, pour lesquels nous fûmes une curiosité aussi étrange que leur temple l'avoit été pour nous.

Nous vînmes coucher à Melaui, à une demi-lieue de chemin d'Achmounin. Mais j'entends le lecteur me dire: Quoi! vous quittez déja Hermopolis, après m'avoir fatigué de longues descriptions de monuments, et vous passez rapidement quand vous pourriez m'intéresser! qui vous presse? qui vous inquiete? n'êtes-vous pas avec un général instruit qui aime les arts? n'avez-vous pas trois cents hommes avec vous? Tout cela est vrai; mais telles sont les circonstances d'un voyage, et tel est le sort du voyageur: le général, très bien intentionné, mais dont la curiosité est bientôt satisfaite, dit au dessinateur: Il y a dix heures que trois cents hommes sont à cheval, il faut que je les loge, il faut qu'ils fassent la soupe avant de se coucher. Le dessinateur entend cela d'autant mieux qu'il est aussi bien las, qu'il a peut-être bien faim, qu'il bivouacque chaque nuit, qu'il est douze à seize heures par jour à cheval, que le désert a déchiré ses paupieres, et que ses yeux brûlants et douloureux ne voient plus qu'à travers un voile de sang.

Melaui est plus grande et encore plus jolie que Mynyeh; les rues en sont droites; son bazard fort bien bâti; et il y a une spacieuse maison de Mamelouks qui seroit facile à fortifier.

Nous étions rentrés tard; j'avois perdu du temps à parcourir la ville et à aller chercher mon quartier : j'étois logé hors les murs, et devant une jolie maison qui paroissoit assez commode : le propriétaire, aisé, étoit assis devant la porte ; il me fit voir qu'il avoit fait coucher le général Belliard dans une chambre, et que j'y trouverois place aussi, il y avoit quelque temps que je couchois dehors ; je fus tenté. A peine endormi, je suis réveillé par une agitation que je prends pour une fievre inflammatoire ; aux prises avec la douleur et le sommeil, chaque minute, passant de l'effroi d'une maladie grave à l'affaissement de la lassitude, prêt à m'évanouir, j'entends mon compagnon qui me dit, à moitié endormi, Je suis bien mal ; je lui réponds, Je n'en puis plus : ce dialogue nous réveille tout-à-fait ; nous nous levons, nous sortons de la chambre, et, à la clarté de la lune, nous nous trouvons rouges, enflés, méconnoissables ; nous ne savions que penser de notre état, lorsque, bien éveillés, nous nous appercevons que nous sommes devenus la proie de toutes sortes d'animaux immondes.

Les maisons de la haute Égypte sont de vastes colombiers dans lesquels le propriétaire se réserve une seule chambre; il y loge avec ce qu'il a de poules, de poulets, et tout ce que ces animaux et lui produisent d'insectes dévorants: la recherche de ces insectes l'occupe la journée; la dureté de sa peau brave, la nuit, leur morsure; aussi notre hôte, qui de bonne foi avoit cru faire merveille, ne concevoit rien à notre fuite. Nous nous débarrassâmes comme nous pûmes des plus affamés de nos convives, en nous promettant bien de ne jamais accepter pareille hospitalité.

Le 3, nous continuâmes de suivre les Mamelouks: ils étoient toujours à quatre lieues de distance; nous ne pouvions rien gagner sur eux: ils dévastoient autant qu'ils pouvoient le pays qu'il laissoient entre nous. Vers le soir nous vîmes arriver une députation avec des drapeaux en signe d'alliance; c'étoient des Chrétiens auxquels ils avoient demandé une contribution de cent chameaux; et, ces malheureux n'ayant pu les leur donner, ils avoient tué soixante des leurs; un tel procédé ayant irrité les Chrétiens, ils avoient de leur côté tué huit Mamelouks, dont ils nous proposoient de nous apporter les têtes : ils parloient tous à la fois, répétoient cent fois les mêmes expressions; mais heureusement pour nos oreilles l'audience se donnoit dans un champ de luzerne, ce qui offrit un rafraîchissement à la députation, qui se mit à manger de l'herbe comme d'un mets délicieux dont on craint de perdre l'occasion de se rassasier. Sans descendre de cheval, je me mis aussi à dessiner un député comme il venoit d'interrompre sa harangue (*voyez pl.* CI, n° 6).

Nous vînmes coucher à Elgansanier, où nous fûmes assez bien logés dans un tombeau de santon.

Le 4, nous marchions sur Mont-Faloût, lorsqu'on vint nous dire que les Mamelouks étoient à Bénéadi, où nous courûmes les chercher. Électrisé par tout ce qui m'entouroit, le cœur me battoit de joie toutes les fois qu'il étoit question de Mamelouks, sans réfléchir que j'étois là sans animosité ni rancune contre eux; que, puisqu'ils n'avoient jamais dégradé les antiquités, je n'avois rien à leur reprocher; que, si la terre que nous foulions leur étoit mal acquise, ce n'étoit pas à nous à le trouver mauvais; et qu'au moins plusieurs siecles de possession établissoient leurs droits : mais les apprêts d'une bataille présentent tant de mouvements, forment l'ensemble d'un si grand tableau, les résultats en sont d'une telle importance pour ceux qui s'y engagent, qu'ils laissent peu de place aux réflexions morales; il n'est plus alors question que de succès : c'est un jeu d'un si grand intérêt, qu'on veut gagner quand on joue.

Nous arrivâmes à Bénéadi, et notre espérance fut encore déçue cette fois; nous n'y trouvâmes que des Arabes, que notre cavalerie chassa dans le désert. Bénéadi est un riche village d'une demi-lieue de long, avantageusement situé pour le commerce des caravanes de Darfour, possédant un territoire abondant; sa population a toujours été assez nombreuse pour se trouver en mesure de composer avec les Mamelouks, et ne pas se laisser rançonner par eux. Il nous parut qu'il falloit temporiser aussi pour le moment, d'autant que les avances amicales qu'on nous y faisoit avoient je ne sais quoi qui ressembloit à des conditions : nous jugeâmes qu'il falloit dissimuler l'insolence de ces procédés sous les dehors de la cordialité. Entourés d'Arabes dont ils ne craignent rien, aux besoins desquels ils fournissent, et dont ils peuvent par conséquent disposer, les habitants de Bénéadi ont une influence dans la province qui les rendoit embarrassants pour un gouvernement quelconque ; ils vinrent au-devant de nous, ils nous reconduisirent au-delà de leur territoire sans que nous fussions tentés ni les uns ni les autres de passer la nuit ensemble. Nous vînmes coucher à Benisanet.

Le 5, avant d'arriver à Siouth, nous trouvâmes un grand pont, une écluse, et une levée pour retenir les eaux du

Nil après l'inondation; ces travaux arabes, faits sans doute d'après les errements antiques, sont aussi utiles que bien entendus; en tout il me paroissoit que la distribution des eaux dans la haute Égypte étoit faite avec plus d'intelligence que dans la basse, et par des moyens plus simples.

Siouth est une grande ville bien peuplée, sur l'emplacement, suivant toute apparence, de Licopoli ou la ville du Loup. Pourquoi la ville du Loup dans un pays où il n'y a pas de loups, puisque c'est un animal du nord? étoit-ce un culte emprunté des Grecs? et les Latins, qui nous ont transmis cette dénomination dans des siecles où l'on s'occupoit peu de l'histoire naturelle, n'ont-ils fait aucune différence entre le chakal et le loup? On ne trouve point d'antiquités dans la ville; mais la chaîne libyque, au pied de laquelle elle est bâtie, offre une si grande quantité de tombeaux, qu'il n'est pas possible de douter qu'elle n'occupe le territoire d'une ancienne grande ville. Nous étions arrivés à une heure après midi; il y eut des vivres à prendre pour l'armée, des malades à envoyer à l'ambulance, des barques et des provisions, que les Mamelouks n'avoient pu emmener, dont il falloit prendre possession: on résolut de coucher. Je commençai par faire un dessin de la Siouth moderne, à une demi-lieue de la chaîne libyque (*voyez pl.* XXX, *n°* 2).

Je courus bien vite la visiter; j'étois si envieux de toucher à une montagne égyptienne! j'en voyois deux chaînes depuis le Caire sans avoir pu risquer de gravir aucune d'elles: je trouvai celle-ci telle que je l'avois pressentie, une ruine de la nature, formée de couches horizontales et régulieres de pierres calcaires, plus ou moins tendres, plus ou moins blanches, entrecoupées de gros cailloux mamelonnés et concentriques, qui semblent être les noyaux ou les ossements de cette longue chaîne, soutenir son existence, et en suspendre la destruction totale: cette dissolution s'opere journellement par l'impression de l'air salin qui pénetre chaque partie de la surface de la pierre calcaire, la décompose, et la fait, pour ainsi dire, couler en ruisseaux de sables, qui s'amoncellent d'abord auprès du rocher, puis sont roulés par les vents, et de proche en proche changent les villages et les champs fertiles en de tristes déserts. Les rochers sont à près d'un quart de lieue de Siouth ; dans cet espace est une jolie maison du kiachef qui géroit pour Soliman-bey. Les rochers sont creusés par d'innombrables tombeaux, plus ou moins grands, décorés avec plus ou moins de magnificence ; cette magnificence ne peut laisser aucun doute sur l'antique proximité d'une grande ville : je dessinai un des principaux de ces monuments (*voyez planche* XXXIII, n° 2), et le plan intérieur (*même planche*). Tous les parvis intérieurs de ces grottes sont couverts d'hiéroglyphes ; il faudroit des mois pour les lire, si on en savoit la langue ; il faudroit des années pour les copier : ce que j'ai pu voir avec le peu de jour qui entre par la premiere porte, c'est que tout ce que les Grecs ont employé d'ornements dans leur architecture, tous les méandres, les enroulemens, et ce qu'on appelle vulgairement les grecques, est ici exécuté avec un goût, une délicatesse exquise. Si une telle excavation est une seule et même opération, comme la régularité de son plan sembleroit l'indiquer, c'étoit une grande entreprise que la fabrication d'un tombeau : mais il est à croire qu'il servoit à perpétuité à toute une famille, à une race entiere; qu'on y venoit rendre quelques cultes aux morts : car, si l'on n'eût jamais pensé à rentrer dans ces monuments, à quoi eussent servi ces décorations si recherchées, ces inscriptions qu'on n'auroit jamais lues, ce faste ruineux, secret, et perdu? A diverses époques ou fêtes de l'année, chaque fois qu'on y ajoutoit quelques nouvelles sépultures, il s'y célébroit sans doute quelques *fonctions* funebres où la magnificence des cérémonies étoit jointe à la splendeur du lieu; ce qui est d'autant plus probable que les richesses des décorations de l'intérieur sont d'un contraste frappant avec la simplicité de l'extérieur, qui est la roche toute brute, ainsi qu'on peut le remarquer dans la vue que j'en ai faite. J'en trouvai une avec un simple salon, qui servoit à une innombrable quantité de sépultures prises en ordre dans les roches ; elle avoit été toute fouillée pour en ravir des momies : j'y en trouvai encore quelques fragments, comme du linge, des mains, des têtes, des os épars. Outre ces principales grottes, il y en a une telle quantité de petites, que la montagne entiere est devenue un corps caverneux et sonore. Plus loin, au sud, on trouve les restes de grandes carrieres, dont les cavités sont soutenues par des pilastres : une partie de ces carrieres a été habitée par de pieux solitaires ; à travers les rochers, dans ces vastes retraites, ils joignoient à l'austere aspect du désert celui d'un fleuve qui dans son cours majestueux répandoit l'abondance sur ses rives. C'étoit l'emblême de leur vie ; avant leur retraite, troubles, richesses, agitations ; et depuis, calme et jouissances contemplatives : la nature muette imitoit le silence auquel ils s'étoient condamnés ; la splendeur constante et auguste du ciel d'Égypte commande avec sévérité une éternelle admiration ; le réveil du jour n'est point réjoui par les cris de joie, les bondissements des animaux ; le chant d'aucun oiseau ne célebre le retour du soleil ; l'alouette, qui égaie, anime nos guérets, dans ces climats brûlants crie, appelle, mais ne chante jamais ni ses amours ni son bonheur; la nature grave et superbe semble n'inspirer que le sentiment profond d'une humble reconnoissance : enfin la grotte du cénobite semble avoir été placée ici par l'ordre et le choix de Dieu même; tout ce qui devroit animer la nature partage avec lui sa triste et stupéfaite méditation sur cette Providence, distributrice éternelle d'éternels bienfaits.

De petites niches, des revêtissements en stuc, et quelques peintures en rouge, représentant des croix, des inscriptions, que je crus être en langue cophte, sont les témoignages et les seuls restes de l'habitation de ces austeres cénobites dans ces austeres cellules. Dans la saison où nous les vîmes, rien n'étoit comparable à la verdure de toutes les teintes qui tapissoient les rives du Nil aussi loin que la vue pouvoit s'étendre : entraîné par la curiosité, j'avois tant fait de chemin que je ne pouvois plus me rendre au quartier.

La sortie d'une grande ville est toujours embarrassante pour une armée. Le lendemain nous nous mîmes en marche avant le jour; tous nos guides s'étoient attachés à la même division; et laissant errer la nôtre à l'aventure, nous passâmes une partie de la matinée à nous chercher avec inquiétude, et à nous rassembler avec peine. Nous suivions toutes les sinuosités du canal d'Abou-Assi, qui est le dernier de la haute Égypte, et aussi considérable que pourroit l'être un bras du Nil; il partage avec ce fleuve le diametre de la vallée, qui dans cette journée ne me parut pas avoir plus d'une lieue, mais cultivée avec plus de soin et d'intelligence que tout ce que nous avions vu jusqu'alors : on y a tracé des chemins qui nous firent voir qu'avec très peu de frais on en feroit d'excellents et d'éternels dans un climat où il ne pleut ni ne gele. A toutes les demi-lieues nous trouvions des citernes, avec un petit monument hospitalier pour donner à boire au passant et à son cheval : je dessinai un des plus considérables de ces petits établissements philantrhopiques, aussi agréables qu'utiles, qui caractérisent la charité arabe (*voyez les pl.* XXVII *et* XXXIV, n° 1). Vers le milieu de la journée, nous nous rapprochâmes du désert, où je trouvai trois objets nouveaux : le palmier-doum, qui ressemble par la feuille au palmier-raquette, que nous connoissons, et qui n'a pas, comme le dattier, une seule tige, mais de huit jusqu'à quinze; son fruit ligneux est attaché par groupe à l'extrémité des branches principales, d'où partent les touffes qui forment le feuillage de l'arbre; il est de forme triangulaire et de la grosseur d'un œuf; sa première enveloppe est spongieuse, et se mange comme le caroube; sa saveur est mielleuse, et approche du goût du pain-d'épice; sous cette enveloppe est une écorce dure et filandreuse comme celle du coco, à qui il ressemble plus qu'à tout autre fruit; mais il manque absolument de cette partie ligneuse et fine; sa partie gélatineuse est sans saveur : elle devient d'une grande dureté; on en fait des grains de chapelets qui prennent la teinture et le poli (*voyez pl.* XXXIV, n° 1).

Je vis aussi un petit oiseau charmant, qu'à sa forme et ses habitudes je dois ranger dans la classe des *gobe-mouches;* il prenoit à chaque instant de ces insectes avec une adresse admirable : grace à l'apathie des Turcs, tous les oiseaux chez eux sont familiers; les Turcs n'aiment rien, mais ne dérangent rien : la couleur de l'oiseau dont il s'agit est verte, claire, et brillante; la tête dorée, ainsi que le dessus des ailes; son bec long, noir, et pointu; et il a à la queue une plume d'un demi-pouce plus longue que les autres : sa grosseur est celle de la petite mésange.

Un peu plus loin, je vis dans le désert des hirondelles d'un gris clair comme le sable sur lequel elles volent; celles-ci n'émigrent pas, ou vont dans des climats analogues, car nous n'en voyons jamais en Europe de cette couleur: elles sont de l'espece des cu-blancs.

Après treize heures de marche, nous vînmes coucher à Gamerissiem, malheureusement pour ce village; car les cris des femmes nous firent bientôt comprendre que nos soldats, profitant des ombres de la nuit, malgré leur lassitude, prodiguoient des forces superflues, et, sous le prétexte de chercher des provisions, arrachoient en effet ce dont ils n'avoient pas besoin: volés, déhonorés, poussés à bout, les habitants tomberent sur les patrouilles qu'on envoyoit pour les défendre, et les patrouilles, attaquées par les habitants furieux, les tuerent, faute de s'entendre et de pouvoir s'expliquer..... O guerre, que tu es brillante dans l'histoire! mais vue de près, que tu deviens hideuse, lorsqu'elle ne cache plus l'horreur de tes détails!

Le 7, nous suivîmes le désert, qui étoit bordé par une suite de villages.

Malgré le froid que nous éprouvions la nuit, la chaleur du jour et les productions de la terre nous avertissoient que nous approchions du tropique ; l'orge étoit mûre, le bled en grain, et les melons, plantés en plein champ, étoient déja en fleurs. Nous vînmes bivouacquer dans un bois près de Narcette.

Le 8, nous traversâmes un désert, et vînmes aboutir à un couvent cophte, auquel les Mamelouks avoient mis le feu la veille, et qui brûloit encore, ce qui m'empêcha d'y entrer : mais on en connoîtra les détails par ceux que je vais donner du couvent Blanc, qui lui ressemble, et qui n'est éloigné de l'autre que de vingt minutes de marche, situé de même sous la montagne, et de même au bord du désert; on appelle le premier le couvent Rouge, parcequ'il est bâti en brique; l'autre le couvent Blanc, parcequ'il est en pierre de taille de cette couleur : ce dernier avoit été brûlé aussi la veille; mais les moines, en s'enfuyant, avoient laissé la porte ouverte, et quelques serviteurs pour sauver les débris.

On attribue l'érection de cet édifice à Ste Hélene; ce qui est probable à en juger par le plan. Il y avoit sans doute un couvent près de ce temple; quelques arrachements de mur et des blocs de granit attestent son ancienne existence. A l'aspect de ces monuments on doit penser que si c'est Ste Hélene qui les a fait construire, l'empereur Constantin secondoit son zele, et mettoit de fortes sommes à sa disposition; le couvent n'étant point, comme l'église, construit de maniere à pouvoir se clore et se défendre, aura sans doute été brûlé ou détruit dans quelques circonstances pareilles à celles dont nous venions d'être les témoins; la construction de cette église est telle encore qu'avec un machicouli sur les portes et quelques pieces de canons sur les murailles on s'y défendroit très bien contre les Arabes, et même contre les Mamelouks; mais, sans armes, ces pauvres moines n'avoient pu opposer que la patience, la résignation, leur sainteté, et sur-tout leur misere, qui dans toute autre occasion les auroient sauvés; dans celle-ci, les Mamelouks s'étoient vengés sur des catholiques des maux qu'ils éprouvoient des catholiques : comme s'ils pouvoient réparer par un aussi injuste moyen les malheurs dont nous étions la cause ! Nous apperçûmes dans les ruines produites par cette catastrophe le charbon qui résultoit de l'incendie de la boiserie du chœur; et les insatiables besoins de l'insatiable guerre nous firent encore enlever ces débris de la misere, et ces restes de la dévastation dont nous étions la cause.

Depuis l'ancienne destruction du couvent, les moines se sont logés dans la galerie latérale de l'église, si l'on peut appeler des logements les petites huttes qu'ils se sont fabriquées sous ces portiques fastueux; c'est la misere dans le palais de l'orgueil.

Les peres avoient fui ; nous ne trouvâmes que les freres, couverts de haillons, et à peine revenus de l'agonie qu'ils avoient éprouvée la veille. Pour avoir une idée de la vie, du caractere, et des moyens de subsistance de ces moines, il faut lire ce qu'en a écrit le général Andréossi dans l'excellent mémoire qu'il a donné sur les lacs de natron, et les couvents d'El-Baramous, de Saint-Ephrem, et de Saint-Macaire; cet exact et judicieux observateur y a décrit les besoins de ces moines, leur état de guerre continuelle avec les Arabes, les malheurs de leur existence, les causes morales qui les leur font supporter et perpétuent ces établissements.

Pendant qu'on faisoit halte, je fis, aussi rapidement qu'il me fut possible, les deux vues n° 1 *et* 2, *planche* XXXII, et le plan n° 4, *planche* XCIII. La vue n° 1 est dessinée du couvent Rouge au couvent Blanc, qui indique l'espace qu'il y a entre eux, et la situation de ces deux monasteres appuyés contre le désert, et ayant la vue d'une riche campagne arrosée par le canal d'Abou-Assi : le n° 2 donne l'idée de l'architecture de ces édifices du quatrieme siecle, par conséquent postérieurs de vingt siecles aux grands monuments égyptiens, et dont la gravité du style, la corniche, et les portes, rappellent absolument le genre de cette premiere architecture : le plan fait voir de belles lignes, excepté dans la partie du chœur, où l'on reconnoît la décadence du bon goût. Nous allâmes bivouacquer à Bonnasse-Boura.

Le 9, nous revînmes sur le Nil, et nous traversâmes le champ de bataille où, dans la derniere guerre des Turcs avec les Mamelouks, Assan-pacha fut battu par Mourat-bey ; et où ce dernier, avec cinq mille Mamelouks, renversa et mit en fuite dix-huit mille Turcs et trois mille Mamelouks. Malem-Jacob, le Cophte, qui nous accompagnoit comme intendant des finances, spectateur et acteur de cette bataille, nous en expliqua les détails ; il nous démontroit avec quelle supériorité de talent Mourat avoit pris ses avantages, et en avoit profité : ce même Mourat-bey devoit rugir de colere d'être obligé de repasser sur le même sol fuyant devant quinze cents hommes d'infanterie. Comme nous raisonnions sur les vicissitudes de la fortune, entraînés par l'intérêt de la conversation, nous avions très imprudemment, comme il nous arrivoit tous les jours, devancé l'armée d'une demi-lieue. Je disois en plaisantant à Desaix qu'il seroit très ridicule de trouver dans l'histoire qu'on lui eût coupé le cou dans une rencontre de cinq à six Mamelouks, et que pour mon compte je serois désolé de laisser ma tête derriere quelques buissons, où elle seroit oubliée : en ce moment nous dépassions Minchie ; l'adjudant Clément vint dire au général qu'il y avoit des Mamelouks dans le village : en effet il en parut deux, puis six, puis dix, puis quatre autres, puis deux autres, puis des équipages ; ils allerent se mettre à une portée de fusil, et nous observoient : rétrograder eût été se faire enlever ; le pays étoit couvert : Desaix prit le parti de faire bonne contenance, de paroître prendre des dispositions ; il avoit quatre fusiliers, qu'il plaçoit alternativement sur tous les points, afin de les multiplier par leurs mouvements : nous mîmes quelques fossés entre les Mamelouks et nous ; nous gagnâmes du temps ; notre avant-garde parut enfin, et ils se retirerent. On vint nous dire que Mourat nous attendoit devant Girgé ; nous entendîmes de grands cris . nous vîmes s'élever des nuages de poussiere ; Desaix crut avoir obtenu la bataille après laquelle nous courions depuis quatorze jours : je fus envoyé pour faire avancer la colonne d'infanterie ; j'apperçus, en passant au galop, un révêtissement antique sur le bord du Nil, et des rampes à gradins descendant dans deux bassins ; étoient-ce les ruines de Ptolémaïs ?... On tira un coup de canon pour faire rejoindre la cavalerie qui avoit couché à une lieue de nous ; après une demi-heure, nous nous trouvâmes en état de defense ou d'attaque : nous marchâmes en bataille sur le rassemblement, qui se dissipa ; les Mamelouks eux-mêmes disparurent, et nous arrivâmes à Girgé sans avoir joint les ennemis.

Assis près de son bureau, la carte devant lui, l'impitoyable lecteur dit au pauvre voyageur, harassé, poursuivi, affamé, en butte à toutes les miseres de la guerre, Il me faut ici Aphroditopolis,

Crocodilopolis, Ptolémaïs; qu'avez-vous fait de ces villes? Qu'êtes-vous allé faire là, si vous ne pouvez m'en rendre compte? n'aviez-vous pas un cheval pour vous porter, une armée pour vous protéger, un interprete pour questionner? n'avez-vous pas pensé que je vous honorerois de ma confiance? — A la bonne heure; mais veuillez bien, lecteur, songer que nous sommes entourés d'Arabes, de Mamelouks, et que très probablement ils m'auroient enlevé, pillé, tué, si je m'étois avisé d'aller à cent pas de la colonne vous chercher quelques briques d'Aphroditopolis.

Ce quai revêtu, que j'ai vu en passant au galop à Minchie, c'étoit Ptolémaïs; il n'en reste rien autre chose.

Encore un peu de patience, et nous irons ensemble fouler un sol tout neuf pour les recherches, voir ce qu'Hérodote même n'a décrit que sur des récits mensongers, ce que les voyageurs modernes n'ont pu dessiner et mesurer qu'avec toute sorte d'anxiété, sans oser perdre le Nil et leur barque de vue: en effet ces malheureux voyageurs, rançonnés tour-à-tour et sous toute sorte de prétextes par les reis, par leur interprete, par tous les cheikhs, kiachefs, et pachas, abandonnés des leurs, volés des autres, suspects comme sorciers, tourmentés pour les trésors qu'ils devoient avoir trouvés ou pour ceux qu'ils alloient chercher, obligés en dessinant d'avoir un œil sur tous ceux qui les environnoient, et qui étoient toujours près de se soulever, et d'attenter à l'ouvrage, s'ils n'alloient pas jusqu'à attenter à la personne; ces voyageurs, dis-je, ne sont pas si coupables de ne pas transmettre tous les détails que l'on pourroit desirer sur ce pays si curieux, mais si dangereux à observer.

Grace à la courageuse obstination du brave Mourat-bey qui voudra tenter le sort de la guerre, nous irons encore à sa poursuite, et nous entrerons enfin dans la terre promise.

Girgé, où nous arrivâmes à deux heures après-midi, est la capitale de la haute Égypte : c'est une ville moderne qui n'a rien de remarquable; elle est aussi grande que Mynyeh et que Melaui, moins grande que Siouth, et moins jolie que toutes les trois : le nom de Girgé ou Dgirdgé lui vient d'un grand monastere, plus anciennement bâti que la ville, dédié à S. Georges, qui se prononce *Gerge* en langue du pays ; le couvent existe encore, et nous y trouvâmes des moines européens. Le Nil vient heurter contre les constructions de Girgé, et en démolit journellement une partie ; on n'y feroit qu'avec de grands frais un mauvais port pour les barques : cette ville n'est donc intéressante que par sa position à une distance égale du Caire et de Syene, et par la richesse de son territoire. Nous y trouvâmes tous les comestibles à un très bas prix ; le pain à un sou la livre, douze œufs pour deux sous, deux pigeons à trois sous, une oie de quinze livres pour douze sous. Étoit-ce pauvreté ? non, c'étoit abondance ; car, après un séjour de trois semaines, où plus de cinq mille personnes avoient augmenté la consommation et répandu de l'argent, tout étoit encore au même prix.

Les barques ne nous joignoient pas ; nous manquions de souliers et de biscuits : on s'établit, on fit construire des fours, préparer une caserne pour stationner cinq cents hommes : la troupe se reposa ; et moi j'y trouvai personnellement l'avantage de rafraîchir mes yeux, qui menaçoient de cesser tout-à-fait le service. Je n'avois le secours d'aucun remede ; mais un pot de miel que je trouvai dans la maison d'un cheikh où je logeois, et une jarre de vinaigre, m'en tinrent lieu : je mangeai de ce premier jusqu'à indigestion, et calmai l'ardeur de mon sang en buvant l'autre avec de l'eau et du sucre.

Le 13, nous apprîmes que des paysans, séduits par les Mamelouks, se rassembloient derriere nous pour nous attaquer à dos, tandis qu'on leur promettoit de nous attaquer en avant. Il n'y avoit qu'un mois qu'ils avoient volé une caravane de deux cents marchands qui venoient de l'Inde par la mer Rouge, Cosseïr, et Qouss ; ils se croyoient des braves : quarante villages insurgés avoient rassemblé six à sept mille hommes; une charge de notre cavalerie qui en sabra mille à douze cents leur apprit que leur projet ne valoit rien.

Nous trouvâmes à Girgé un prince nubien : il étoit frere du souverain de Darfour; il revenoit de l'Inde, et alloit rejoindre un autre de ses freres qui accompagnoit une caravane de huit cents Nubiens de Sennar, avec autant de femmes : des dents d'éléphants et de la poudre d'or étoient les marchandises qu'il portoit au Caire, pour les échanger contre du café, du sucre, des schals et des draps, du plomb, du fer, du séné, et du tamarin. Nous causâmes beaucoup avec ce jeune prince, qui étoit vif, gai, ardent, et spirituel; sa physionomie peignoit tout cela : il étoit plus que bronzé; les yeux très beaux et bien enchâssés; le nez peu relevé, mais petit; la bouche fort épatée, mais point plate; les jambes comme tous les Africains, grêles et arquées : il nous dit que son frere étoit allié du roi de Bournou, qu'il commerçoit avec lui, et qu'il faisoit une guerre perpétuelle avec ceux du Sennar; il nous dit que de Darfour à Siouth il y avoit quarante jours de traversée, pendant lesquels ils ne trouvoient de l'eau que tous les huit jours, soit dans des citernes, soit à leur passage aux oasis. Il faut que les profits de ces caravanes soient incalculables pour indemniser ceux qui les rassemblent des frais qu'ils ont à faire, et les payer de l'excès de leurs fatigues. Lorsque leurs esclaves femelles ne sont pas des captives, et qu'ils les achetent, elles leur coûtent un mauvais fusil; et les hommes, deux. Il nous raconta qu'il faisoit très froid chez lui pendant un temps de l'année; n'ayant point de mot pour nous exprimer des *glaces*, il nous dit qu'on mangeoit beaucoup d'une chose qui étoit dure en la prenant dans la main, et qui échappoit des doigts lorsqu'on l'y tenoit quelque temps. Nous lui parlâmes de Tombout, cette fameuse ville dont l'existence est encore un problême en Europe. Nos questions ne le surprirent point: selon lui Tombout étoit au sud-ouest de son pays; ses habitants venoient commercer avec eux; il leur falloit six mois de trajet pour arriver; eux leur vendoient tous les objets qu'ils venoient chercher au Caire, et s'en faisoient payer avec de la poudre d'or: ce pays s'appeloit dans leur langue le *Paradis;* enfin la ville de Tombout étoit sur le bord d'un fleuve qui couloit à l'ouest; les habitants étoient fort petits et doux.

Nous regrettâmes bien de posséder si peu de temps cet intéressant voyageur, que nous ne pouvions cependant pas questionner jusqu'à l'indiscrétion, mais qui n'eût pas mieux demandé que de nous dire beaucoup de choses, n'ayant rien de la gravité musulmane, et s'exprimant avec énergie et facilité. Il nous dit encore que dans la famille royale la succession étoit élective, que c'étoient les chefs militaires et civils qui choisissoient parmi les fils du roi mort celui qu'ils jugeoient le plus digne de lui succéder au trône, et qu'il n'y avoit pas encore d'exemple que cela eût produit la guerre civile. Tout ce qu'on vient de lire est mot pour mot le procès-verbal de l'interrogatoire que nous fîmes subir à cet étrange prince:

il ajouta que nous avions infiniment de choses à fournir à l'Afrique; que nous la rendrions très volontairement notre tributaire, sans nuire au commerce qu'ils avoient à faire eux-mêmes, et que nous les attacherions à nos intérêts par tous leurs besoins, et par l'exportation de tout le superflu de nos productions; que le commerce de l'Inde se feroit de même par la Mekke, en prenant cette ville ou celle de Cosseïr pour entrepôt commun, comme Alep l'étoit pour celui des états musulmans, malgré la longueur des marches qu'il falloit faire de chaque côté pour arriver à ce point de contact.

Nous attendions les barques qui devoient suivre notre marche, et qui portoient nos vivres, nos munitions, et la chaussure de nos soldats: le vent avoit été toujours favorable contre l'ordinaire en cette saison; et cependant les barques n'arrivoient point: nous avions dépêché divers exprès pour prendre des informations; les premiers avoient péri dans la traversée des villages révoltés; les autres ne reparoissant plus, notre belle saison se perdoit dans l'inaction; le pays pouvoit croire que nous prenions peur des Mamelouks, et ce préjugé égarer de nouveau les paysans: ils refusoient déja de payer le miri, et ils disoient pour raison: Il doit y avoir bataille; nous paierons au vainqueur.

Le 19 frimaire, dixieme jour de notre arrivée, le général Desaix se détermina à envoyer sa cavalerie jusqu'à Siouth, pour savoir définitivement ce qu'étoit devenu son convoi maritime; on avoit envoyé en avant de Girgé un bataillon à Bardis pour chercher des vivres; l'officier qui le commandoit nous fit dire, le 19 au soir, qu'il se répandoit que le 21 les Mamelouks se mettroient en marche de Hau pour arriver le 22, et qu'ils vouloient en venir à une bataille: cette nouvelle étoit confirmée de toutes parts; et quoique Desaix ne fût pas convaincu de cette bonne fortune, il se trouva dans le cas de reprocher encore à notre marine de le priver de notre cavalerie, qui le laisseroit sans moyen de profiter de la victoire, s'il y en avoit une; car la simple infanterie ne pouvoit avec les Mamelouks qu'accepter le combat, sans jamais les y forcer ni le prolonger.

Un autre fléau dont nous étions travaillés, c'étoit une volerie perpétuelle, et organisée de telle sorte qu'aucune rigueur militaire ne pouvoit en défendre nos armes et nos chevaux. Chaque nuit les habitants entroient dans nos camps comme des rats, et en sortoient comme des chauves-souris, emportant presque toujours leur proie. On en avoit surpris qui avoient été sacrifiés au premier mouvement de la rage du soldat : on espéra que cette rigueur feroit quelque sensation ; la garde fut doublée ; et le jour même on prit deux des forges de l'artillerie : on saisit les voleurs, qui furent fusillés. Dans la nuit qui suivit cette exécution les chevaux de l'aide-de-camp du général de la cavalerie furent volés : le général gagea qu'on ne le voleroit pas ; le lendemain on lui enleva son cheval, et l'on avoit démoli un mur pour le surprendre lui-même, si le jour ne fût venu à son secours.

Le 20, nous sûmes que Mourat-bey invitoit les cheikhs arabes des villages soumis à marcher contre nous, leur donnant rendez-vous à Girgé. Le 22, jour où il devoit nous attaquer, plusieurs nous envoyerent leur lettre, en nous faisant dire qu'ils restoient fideles au traité, et nous dénoncerent ceux qui avoient promis de marcher ; mais la rencontre que ceux-ci avoient faite de notre cavalerie avoit déconcerté leurs projets.

Le 21, le temps fut couvert, et nous en souffrîmes comme d'un jour d'hiver assez rude, quoiqu'il eût été un de nos fort beaux jours d'avril ; tant il est vrai que l'absence du bien sur lequel on a compté est déja un mal ! je vis cependant dans cette effroyable journée une treille de vigne verte comme au mois de juillet ; les feuilles ne font ici que se durcir, rougir, et sécher, pendant que le bout de la branche renouvelle perpétuellement sa verdure ; les pois-grimpants font la même chose ; la tige en devient ligneuse : j'en ai vu qui avoient quarante pieds de haut, et atteignoient au sommet des arbres.

Nous sûmes qu'il étoit arrivé de la Mekke par Cosseïr une quantité innombrable de fantassins pour se joindre à Mourat-bey, et qu'ils étoient en marche pour venir nous attaquer.

Le 23, nous apprîmes que notre cavalerie avoit rencontré un rassemblement à Menshieth, avoit sabré mille de ces égarés, et avoit poursuivi son chemin; leçon rien moins que fraternelle, mais que notre position rendoit peut-être nécessaire : cette province, qui, de tout temps révoltée, avoit la réputation d'être terrible, avoit besoin d'apprendre que ce n'étoit pas lorsqu'elle se mesuroit contre nous ; nous avions d'ailleurs à leur cacher que nos moyens étoient petits et disséminés ; peut-être falloit-il encore qu'ils nous crussent aussi vindicatifs que cléments ; peut-être enfin, n'ayant pas le temps de les catéchiser, falloit-il, par un malheur de circonstance, punir sévèrement ceux qui s'obstinoient à ne pas croire que tout ce que nous faisions n'étoit que pour leur bien.

Nous nous disposions à partir aussitôt

que la cavalerie seroit de retour, soit que les barques arrivassent enfin, soit qu'il fallût y renoncer; car attendre ne faisoit qu'aggraver nos maux, et ceux que nous étions obligés de faire aux habitants des environs, en laissant subsister cet état de guerre, d'incertitude, et d'inorganisation.

Le 24, nous n'en avions point encore de nouvelles. Nous nous faisions réciter des contes arabes pour dévorer le temps et tempérer notre impatience. Les Arabes content lentement, et nous avions des interpretes qui pouvoient suivre ou qui ralentissoient très peu le débit: ils ont conservé pour les contes la même passion que nous leur connoissons depuis le sultan Schahriar des mille et une nuits; et sur cet article Desaix et moi nous étions presque des sultans: sa mémoire prodigieuse ne perdoit pas une phrase de ce qu'il avoit entendu; et je n'écrivois rien de ces contes, parcequ'il me promettoit de me les rendre mot pour mot quand je voudrois: mais ce que j'observois, c'est que si les historiens n'étoient pas riches de détails vrais et sentimentals, mérite qui semble appartenir particulièrement aux narrateurs du nord, elles abondoient en évènements extraordinaires, en situations fortes, produites par des passions toujours exaltées : les enlèvemens, les châteaux, les grilles, les poisons, les poignards, les scenes nocturnes, les méprises, les trahisons, tout ce qui embrouille une histoire, et paroît en rendre le dénouement impossible, est employé par ces conteurs avec la plus grande hardiesse ; et cependant l'histoire finit toujours très naturellement et de la maniere la plus claire et la plus satisfaisante. Voilà le mérite de l'inventeur : il reste encore au conteur celui de la précision et de la déclamation, auxquelles les auditeurs mettent beaucoup de prix : aussi arrive-t-il que la même histoire est faite consécutivement par plusieurs narrateurs devant les mêmes auditeurs, avec un égal intérêt et un égal succès ; l'un aura mieux traité et déclamé la partie sensible et amoureuse, un autre aura mieux rendu les combats et les effets terribles, un troisieme aura fait rire; enfin c'est leur spectacle: et, comme chez nous on va au théâtre une fois pour la piece, d'autres fois pour le jeu des acteurs, les répétitions ne les fatiguent point. Ces histoires sont suivies de discussions; les applaudissements sont disputés, et les talents se perfectionnent: aussi y en a-t-il en grande réputation qui sont chéris, et font le bonheur d'une famille, de toute une horde. Les Arabes ont aussi leurs poëtes, même leurs improvisateurs, que l'on fait venir dans les festins; ils en paroissent enchantés: je les ai entendus; mais quand leurs chansons ne sont pas apologétiques, elles perdent sans doute trop à être traduites; elles ne m'ont paru que des concetti ou jeux de mots assez insipides: leurs poëtes ont d'ailleurs des manieres extraordinaires, des tics, qui les singularisent aux yeux des gens du pays, mais qui leur donnoient pour nous un air de démence qui m'inspiroit de la pitié et de la répugnance: il n'en étoit pas de même des conteurs, qui me paroissoient avoir un talent plus vrai, plus près de la nature.

Je devois m'affliger moins qu'un autre des retardements, puisqu'ils me laissoient le temps de calmer l'inflammation qui dévoroit mes yeux; mais je partageois l'impatience de Desaix, qui avoit dû compter sur toutes les ressources du convoi, dont l'absence paralysoit ses opérations sous tous les rapports, et le laissoit dans un dénuement affligeant: heureusement les malades et les blessés étoient peu nombreux; car les médecins, sans remedes, n'étoient là que pour dire ceux qu'il auroit fallu leur donner, et ne pouvoient leur en administrer aucun: on fit cependant établir un hôpital, des fours, un magasin, et une caserne assez bien fortifiée pour se défendre d'une émeute ou d'une attaque de paysans, et pouvoir laisser à cet échelon de l'échelle du Nil trois cents hommes en sécurité.

Ne sachant que faire à mes yeux malades, j'imaginai d'aller prendre les bains du pays, qui me soulagerent. Je renvoie mon lecteur à l'élégante description de M. Savary, dont la riante imagination a fait tout à la fois le tableau des agréments qu'offrent ces bains, et des voluptés dont ils sont susceptibles (*voyez le plan et la vue, planche* XXXV, *n°* 1 *et* 2, *et l'explication*).

Le 25, il fit assez froid le matin pour desirer de se chauffer; mais ce froid pourtant ressembloit à celui qu'on éprouve quelquefois chez nous au mois de mai; car en mettant la tête à la fenêtre, j'y vis les oiseaux faisant l'amour, ou tout au moins faisant leur nid pour le faire : le soir du même jour il tonna, évènement très extraordinaire dans cette contrée; en effet cela n'arrive qu'une fois dans une génération, par un concours de circonstances peut-être faciles à expliquer. Le vent du nord, le plus constant de tous ceux qui dominent dans cette partie du monde; amene de la mer les nuages d'une région plus froide, les roule dans la vallée de l'Égypte, où le sol ardent les raréfie, et les réduit en vapeur; cette vapeur poussée jusqu'en Abyssinie, le vent du sud, qui traverse les montagnes élevées et froides de ce pays, en ramene quelquefois de petits nuages, qui, n'éprouvant qu'un léger changement de température en repassant dans la vallée humide du Nil lors de son débordement, restent condensés, et produisent par fois, sans tonnerre ni orage, de petites pluies d'un instant; mais les vents d'est et d'ouest, qui d'ordinaire enfantent les orages, traversant tous les deux des déserts ardents qui dévorent les nuages, ou élevent les vapeurs à une telle hauteur qu'elles traversent la vallée étroite de la haute Égypte, sans pouvoir éprouver de détonnation par l'impression des eaux du fleuve, le phénomene du tonnerre devient une chose si étrangere pour les habitants de ces contrées, que les savants même du pays n'imaginent pas de lui attribuer une cause physique. Le général Desaix questionnant un homme de loi sur le tonnerre, il lui répondit avec la sécurité de l'assurance : « On sait très « bien que c'est un ange, mais il est si « petit qu'on ne l'apperçoit point dans

« les airs ; il a cependant la puissance de
« promener les nuages de la Méditerranée
« en Abyssinie ; et, lorsque la méchanceté
« des hommes arrive à son comble, il fait
« entendre sa voix, qui est celle du re-
« proche et de la menace ; et, pour preuve
« que la punition est à sa disposition, il
« entr'ouvre la porte du ciel, d'où sort
« l'éclair, mais, la clémence de Dieu étant
« toujours infinie, jamais dans la haute
« Égypte sa colere ne s'est autrement ma-
« nifestée ». On est toujours émerveillé
d'entendre un homme sensé, avec une
barbe vénérable, faire un conte aussi
puéril. Desaix voulut lui expliquer diffé-
remment ce phénomene ; mais il trouva
son explication si inférieure à la sienne,
qu'il ne prit pas même la peine de l'écou-
ter. Au reste, il avoit plu tout-à-fait la
nuit ; ce qui rendit les rues fangeuses,
glissantes, et presque impraticables. Ici
finit l'histoire de notre hiver, et je n'au-
rai plus à en parler.

Le 25, on fit des fours à l'usage du
pays. Le 26, on fit du biscuit (*voyez
planche* LXXIX, n° 1). J'aurois voulu

dans mon dessin pouvoir exprimer l'adresse et la célérité des ouvriers ; on peut dire qu'individuellement l'Égyptien est industrieux et adroit, et que manquant, à l'égal du sauvage, de toute espece d'instrument, on doit s'étonner de ce qu'ils font de leurs doigts auxquels ils sont réduits, et de leurs pieds, dont ils s'aident merveilleusement : ils ont, comme ouvriers, une grande qualité, celle d'être sans présomption, patients, et de recommencer jusqu'à ce qu'ils aient fait à-peu-près ce que vous desirez d'eux. Je ne sais jusqu'à quel point on pourroit les rendre braves ; mais nous ne devons pas voir sans effroi toutes les qualités de soldats qu'ils possedent ; éminemment sobres, piétons comme des coureurs, écuyers comme des centaures, nageurs comme des tritons : et cependant c'est à une population de plusieurs millions d'individus qui possedent ces qualités que quatre mille Français isolés commandoient impérieusement sur deux cents lieues de pays ! tant l'habitude d'obéir est une maniere d'être comme celle de commander, jusqu'à ce que les uns s'endormant dans l'abus du pouvoir, les autres soient réveillés par le bruit de leur chaîne.

Le 28, la cavalerie revint; elle nous annonça l'arrivée des barques, et nous donna les détails d'un combat qu'elle avoit eu à soutenir contre quelques Mamelouks et leurs agents, qui avoient répandu le bruit qu'ils nous avoient détruits; que ce qu'on voyoit rétrograder étoit le reste des Français qui tâchoient de gagner le Caire. Deux mille Arabes à cheval, et cinq à six mille paysans à pied, avoient cru en venir à bout; ils s'étoient portés en avant de Tata, lorsque la cavalerie les découvrit en bataille; elle avoit fait un mouvement pour se former; ils avoient cru qu'elle déclinoit le combat, et avoient chargé avec le désordre accoutumé, c'est-à-dire quelques braves en avant, le reste au milieu, frappant toujours et ne parant jamais; à la seconde décharge, étonnés de voir faire à la cavalerie des feux de bataillon, ils avoient commencé à lâcher pied; et, après avoir perdu quarante des leurs, avoir eu une centaine de blessés, ils avoient disparu en se dispersant, et abandonnant la pauvre infanterie, qui, comme de coutume, avoit été hachée, et eût été détruite, si la nuit ne fût venue à son secours.

Le 30, les barques arriverent enfin; quelques commodités qu'elles nous apporterent, et sur-tout la musique d'une de nos demi-brigades jouant des airs français, firent une sensation si étrangement voluptueuse pour Girgé, qu'elle calma tout ce que l'impatience avoit mis d'irascibilité dans notre esprit. C'étoit, hélas! le chant du cygne: mais n'anticipons pas sur les évènements; à la guerre il faut jouir du moment, puisque celui qui suit n'appartient à personne.

Le 1er nivose, le prêt, l'eau-de-vie, raviva notre existence; et le soldat, déja las de manger six œufs pour un sou, partit avec joie pour aller au-devant du besoin.

FIN DU PREMIER VOLUME.

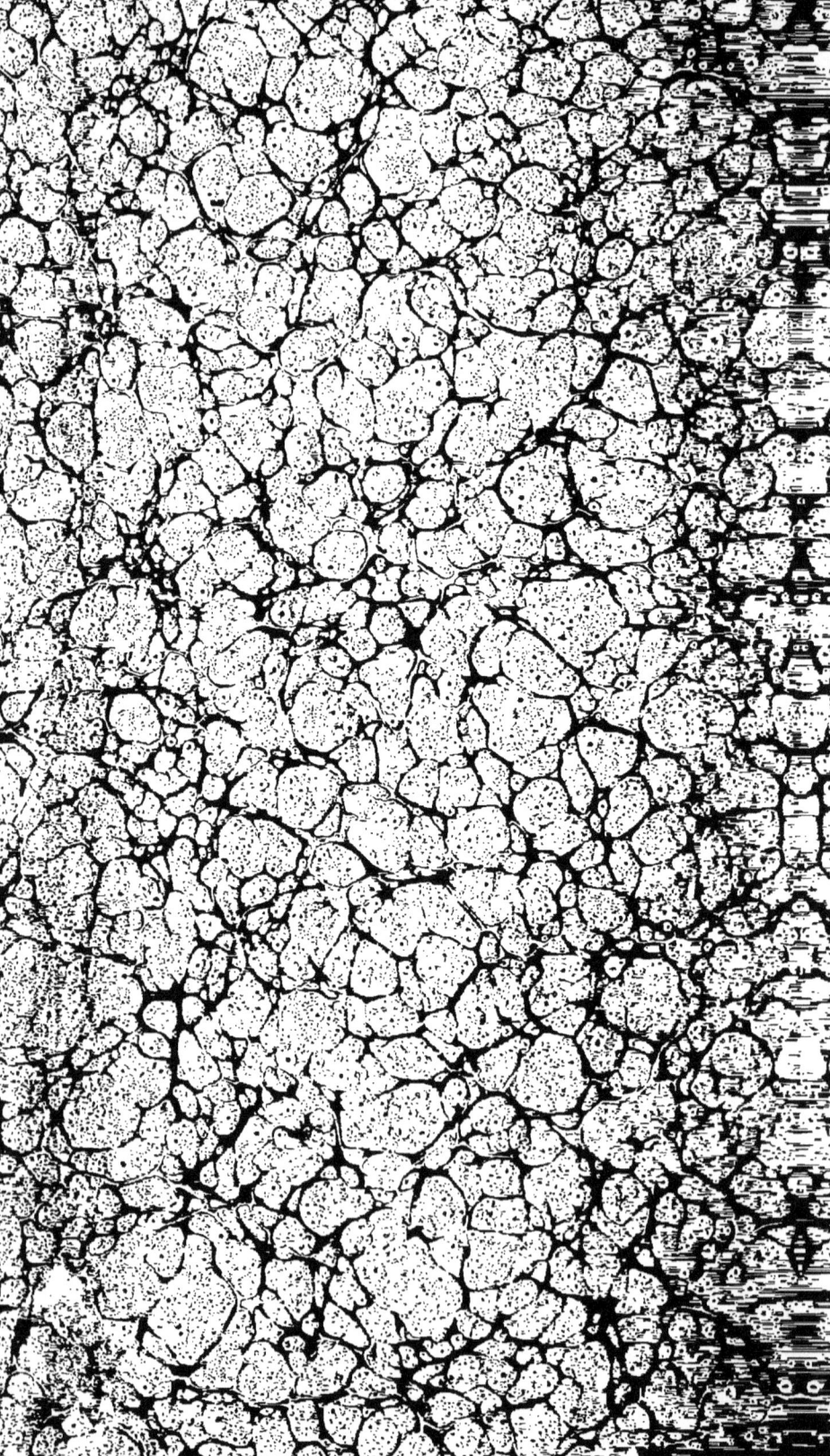

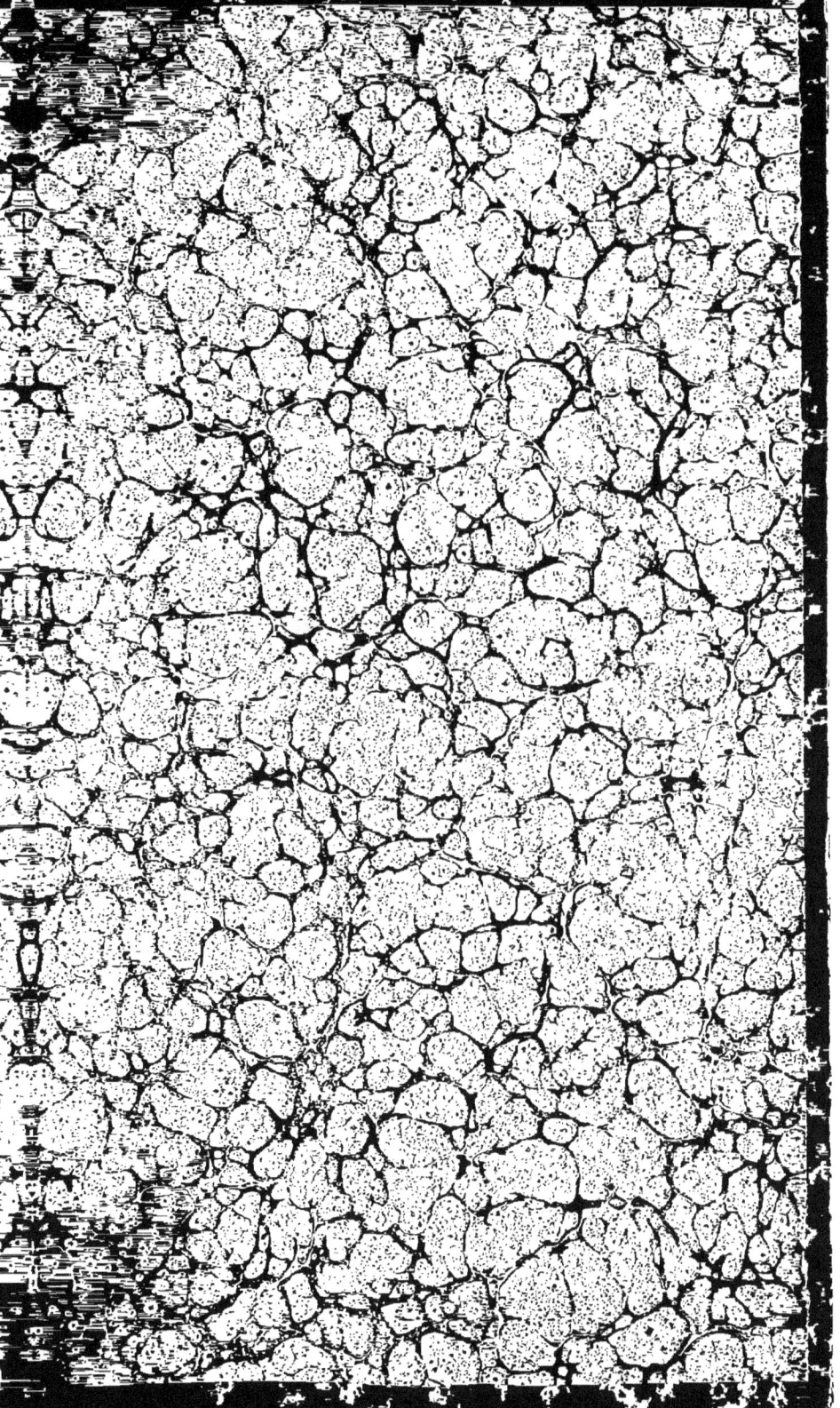

www.ingramcontent.com/pod-product-compliance
Lightning Source LLC
Chambersburg PA
CBHW050752170426
43202CB00013B/2393